U0652164

高等师范院校教材

新编教学工作技能训练

郑金洲　主编

华东师范大学出版社
·上海·

图书在版编目(CIP)数据

新编教学工作技能训练/郑金洲主编.—上海:华东师范
大学出版社,2007.5
高等师范院校教材
ISBN 978 - 7 - 5617 - 5379 - 8

Ⅰ.新… Ⅱ.郑… Ⅲ.教学技术－训练－师范大学－
教材 Ⅳ.G424

中国版本图书馆 CIP 数据核字(2007)第 066855 号

新编教学工作技能训练

主　　编　郑金洲
项目编辑　曹利群
文字编辑　朱建宝
责任校对　王丽平
封面设计　卢晓红
版式设计　蒋　克

出版发行　华东师范大学出版社
社　　址　上海市中山北路3663号　　邮编200062
网　　址　www.ecnupress.com.cn
电　　话　021-60821666　行政传真　021-62572105
客服电话　021-62865537　门市（邮购）电话 021-62869887
地　　址　上海市中山北路3663号华东师范大学校内先锋路口
网　　店　http://hdsdcbs.tmall.com

印 刷 者　江苏扬中印刷有限公司
开　　本　787×1092　　16开
印　　张　12.5
字　　数　227千字
版　　次　2007年7月第1版
印　　次　2022年1月第12次
印　　数　26 101 － 27 200
书　　号　ISBN 978 -7 -5617 -5379 -8/G · 3162
定　　价　29.00元

出版人　王　焰

（如发现本版图书有印订质量问题，请寄回本社客服中心调换或电话021-62865537联系）

目　录

新编教学工作技能训练

目

录

目

录

5

绪　　论

　　教学是一项复杂的、专业性较强的工作。教学工作需要教师既具备广博的知识，又具备一定的教学技能。教学技能是指教师在教学过程中，运用与教学有关的知识和经验，促进学生学习的教学行为方式。教学专业技能，是教学之所以成为一个专业的前提条件。换句话说，正是由于专业技能的存在，教学才区别于其他专业，教师才具备教学专业人员的基本素养。因而，作为高等师范院校的学生，认识教学工作技能，进而掌握教学工作技能，是走上工作岗位、胜任教学工作所必需的。

一、技能与知识、能力的关系

　　技能与知识、能力是有区别的。知识是人对客观事物和表象的属性、联系和关系的反映，是人类社会历史经验的总结和概括。人类已积累的知识是社会的财富，当它以思想、观念等内容和形式被个体所掌握时，就变成了个体意识和个体的知识系统。技能是个体通过练习固定下来的巩固了的自动化的动作方式或智力活动方式。能力是指心理活动的可能性和动作的可能性，是个体顺利完成活动任务的直接有效的心理特征。在心理学上，知识与技能属于心理活动过程的范畴，而能力则属于个性心理特征范畴。知识、技能和能力都有概括性，但概括的水平不同。知识是对客观事物和现象的属性、联系和关系的抽象的、系统的概括；技能是对动作方式或操作程序的概括；能力是对调节人的认识活动和行为方式的心理活动功能的较高水平的概括。一般来说，能力的形成与发展较知识、技能的获得要晚。

　　技能与知识、能力又是紧密联系、相辅相成的。知识、能力是掌握技能的前提，并制约着技能掌握的快慢、深浅、难易、灵活性和巩固程度，而技能的形成与发展将有利于知识的掌握和能力的发展。能力是在掌握知识、技能的过程中形成和发展起来的，而一定的能力又是进一步学习知识、掌握技能的条件。任何技能的形成和发展都离不开与之相应的知识和能力。要形成和具备良好的教学技能，必须具备一定的知识和相关能力。知识、技能的不断积累形成更高的能力。

　　对教师来说，熟练掌握各种教学技能是进行教学工作的基础，也是做好教学工作的必备条件。教学能力是教师顺利完成教学任务的个性心理特征，教学技能则是教师完成教学任务的行为方式。教学技能可以通过学习来掌握,在练习实践中得到巩固和发展。

二、教学技能训练的性质和要求

(一)教学技能训练的性质

教学技能是教师在教学工作中完成教学任务所需要的一系列行为方式,是影响学校教育教学质量、促进学生身心发展的重要因素。它体现在教学过程的各个环节,是教学理念的直接体现,是与学生交互作用的最直接方式,是所有教育教学思想和要求在教学工作中的最直接反映。其性质主要表现为:

1. 可观察

技能是外显性的。能够称之为技能性行为的,常常是可以借助于感觉器官观察到的。它与内隐性的知识或观念不同,后者不能观察,也很难称之为技能。在教学工作技能训练中,教师和学生应注重将技能用恰当的方式呈现出来,教师借助于自身技能的展示成为学生效仿的榜样,学生将学习到的技能展示给教师或其他同学,供他们评判分析,从而进一步提高自己的技能与技巧。

2. 可操作

技能突出的特点是具有操作性,它一般有明确的操作步骤、操作要求和操作规范等,要求将行为方式加以分解,形成一系列得当的行为表现。依据这一特性,在教学工作技能训练中,教师要注意将各种教学技能加以分析、分解,并且尽可能地细化,让学生能够进行技能演示与学习掌握相应的技能;学生也要注意在实际中通过教学活动掌握这些技能,不能仅限于对技能性知识的了解和记忆,要通过操作掌握技能。

3. 可重复

一般说来技能是可以在不同实际场景中反复运用的,并且可以在反复运用中体现技能自身的效果,在反复运用中进一步强化直至达到技巧化程度。教学工作技能,没有哪一项是可以靠一次训练就能很好掌握了的,需要反复多次在不同情景中训练才能较好运用。在实际训练中,教师既要注重利用课堂教学对学生进行技能训练,也要注重引导学生利用教学实习、见习乃至自身的教学行为对技能加以分析、运用。

4. 可描述

技能表现为一系列行为方式,而这些行为方式是可以借助于语词进行描述和形容的,这也保证了技能在不同人员之间理解和认识上的一致,以及实际运用过程中要求的一致。教学工作技能,也是通过语词来描绘的。教师在教学中,要用恰当、准确的语词描述相关的教学技能,同时还要注重引领学生记叙自己的教学技能演练行为,并且在每次演练或见习后有相关的反思,不断改进自己的技能水平。

（二）教学工作技能训练的要求

1. 学习掌握相关知识

技能性知识是掌握和体现技能的基础。教学工作技能有其自身的知识要求和知识表现方式，只有在切实理解、掌握这些知识的条件下，技能才有可能得到恰当的体现。同时，教学工作需要教师具有广博的知识基础，既要深入掌握本学科知识，也要通晓教育、心理知识，了解文化科学相关知识，所有这些知识都是教师熟练运用各种教学技能、体现教学本领的基础。

2. 思考、内化先进理念

技能作为行为方式，是受理念支配的。不同的理念，展示的是不同的技能或技能体现为不同的样式。技能是理念的外化，是教师教学理念在课堂教学中的行为表现。技能是服从服务于教师的教学理念的。作为一名教师，要能使自己的技能有得当的体现方式，提升自己的教育教学水平，就应该在教育教学实践中，不断反思调整自己的教学理念，透视自身教学理念与经济、社会发展要求之间的差距，与教育改革和发展要求之间的差距，与学生身心发展需求之间的差距，使自己的教学理念始终与教育发展同步。

3. 借鉴、模仿他人实践

技能掌握一般分为初级阶段、熟练技巧两个阶段。技能的初级阶段，是指在一定的知识基础上，按一定的方式通过反复练习或模仿而达到"会做"某件事或"能够"完成某种工作的水平。当初级技能反复练习，使活动方式的基本成分达到自动化的程度时，则称为熟练技巧。对教学技能的形成与发展而言，也会经历这样两个阶段，教学技能应由初级阶段向着熟练技巧的方向迈进。在学习过程中，学习者要注意观摩成功技能的示范，注意把握技能中各组成部分的分解，注意领会各种动作的要领，注意联系自己的实际加以思考。无论是教师的演示，还是同学间的相互交流，或者是观看教学录像，学习者都要将学习、吸收他人经验作为自己掌握技能的不可或缺的方式。

4. 利用多种形式、途径进行训练

技能需要通过反复训练才能强化，才能达到技巧化水平。在学习过程中，进行技能训练的形式、途径有很多，如微格教学，教学实习、见习，课堂研讨，现场观摩等，每种途径都可提供不同的学习经验，提供不同的训练技能的机会。尤其要提出的是，学习过程中，学生要充分利用所在班级同学的资源，同学间利用微格教学或其他途径进行教学角色转换，将每项技能细化演示、研讨。这样做简便易行，且成效显著。

5. 加强训练后的反思改进

教学工作是一项非常复杂的工作,没有哪一项教学技能是可以通过一次训练就可以熟练掌握的。在学习过程中,学生要把自己的技能行为作为反思对象,把他人展示的课堂教学技能作为分析对象,时刻注意分析自己教学技能中存在的得失,思考后续教学中需要调整的行为方式。只有这样,教学技能才能在探索中不断形成,在实施中不断提高。

6. 坚持不懈,不断进取

教学工作的复杂性也决定了教学技能掌握的艰巨性。没有天生适合教学的人,也没有不能通过后天训练进一步提升教学技能的人。教学技能的掌握孕育着艰辛,包含着苦痛。学生要有克服困难的精神与勇气,要有"咬定青山不放松"的训练态度,通过持续不断的训练,积累教学技能的各种经验,使自己能够胜任教学工作。

7. 逐渐形成自身的技能风格

技能训练常常走的是一条从简单模仿经由持续改进到自身风格形成的道路。教学技能训练在开始之初,学生就要意识到自身条件的优长与不足,也要有意识地从自身特点出发安排、筹划、实施教学技能行为。在教学过程中,注意将每一次教学实践都当作是锤炼教学技能的良机,并且对每一次教学实践的经验都进行思考与分析。假以时日,自身的教学经验就有可能进一步提升为自己的教学智慧,形成自己独具特色的教学艺术。

三、教学技能训练的主要内容

教学技能涉及的内容较多,本书以课堂教学所需要的技能为主线,围绕着教师在教学工作中常见的备课、上课、听课、说课、评课以及与学生交往,将教学技能细分为九种,即教学设计技能、教学方法技能、教学实施技能、教学媒体选用技能、教学观察技能、教学反思技能、教学评价技能、学习方法指导技能、组织指导课外活动技能。

教学设计技能反映的是教学准备阶段的行为,大体属于教学工作中的"备课"范畴;教学方法技能、教学实施技能、教学媒体选用技能主要反映的是教学实际运行过程中的行为,大体属于教学工作中的"上课"范畴;教学观察技能反映的是教师作为研究者或学习者观察他人上课的行为,大体属于教学工作中的"听课"范畴;教学反思技能反映的是教师作为研究者将自身教育教学行为作为分析对象的行为,大体属于教学工作中的"说课"范畴;教学评价技能反映的是教师在教学中对学生学业成绩进行评价或对课堂教学实际情况进行评价的行为,大体属于"评课"范畴。

从教师与学生交往来看,还有两种行为是教学工作中司空见惯的,那就是对学生学习方法进行指导，以及组织、指导学生开展课外活动。学习方法指导技能和组织指导课外活动技能，就是基于这种思考设置的。

教学工作的九种技能，是相互联系的，一些技能与技能之间是相互交织在一起的。在学习中，学生要注意将这些技能作为教学工作的技能体系来看待，注重把握彼此间的联系，并且借助于这种联系形成自己教学工作的整体技能。

第一章
教学设计技能

本章目标

1. 记忆教学设计的含义。
2. 了解教学设计的基本环节。
3. 掌握教学目标和教学内容设计的技能要求。
4. 掌握教学方法和教学组织形式设计的基本要求。
5. 了解作业的分类,掌握作业设计的基本规范。
6. 了解教学计划的含义和类别,掌握教案撰写的基本规范。

课堂是师生积极互动的过程。为了达到教学活动的预期目的,减少教学活动中的盲目性与随意性,就必须对教学过程进行科学的设计。教学设计为课堂教学过程的展开与推进提供蓝图,它不仅要为形成课堂教学中师生的有效互动提供保证,更要为促进课堂教学中学生的主动发展提供条件。

一、教学设计概述

(一)教学设计的含义

一般来说,"设计"是指人们在创造某种具有实效性的新事物或解决所面临的新问题之前,所进行的探究性的系统计划过程。从这个意义上说,设计注重的是规划和组织,即设计着重对计划的对象进行分析,明确相关的因素,并对其进行有效的控制。

教学设计,亦称教学系统设计,是一种教师为达成一定的教学目标,所使用的研究教学系统、教学过程,制定教学计划的系统方法。[①]

具体来说,教学设计有着比较具体的操作程序,它是以现代传播理论和学习理论为基础,科学合理地运用系统理论的思想与方法,根据学生的特点和教师自身教学观念、教学经验、个性风格,分析教学中的问题与要求,确定教学目标,设计解决问题的步骤,选择和组合相应的教学策略与教学资源,为达到预期的优化

---

① 顾明远主编:《教育大辞典》(简装本),上海教育出版社 1999 年版,第 196 页。

新编教学工作技能训练

教学效果而制订教学实施方案所进行的系统的计划过程。

教学设计的过程实际上是教师为即将进行的教学活动制定蓝图的过程。可以说,教学设计是教学活动能够得以顺利实施的基本保证。通过教学设计,教师可以预先实现对教学活动的基本过程的整体把握。良好的教学设计同时也为教学活动的有效实施提供科学合理的行动纲领,有利于调动教师和学生双方在教学活动中的积极性、主动性,有利于引导教学活动取得良好的教学质量和教学效果。

一般说来,从现代学校教学活动领域所涉及的问题来看,教学设计可分为(学科)课程教学设计、单元教学设计和课堂教学设计三个层面。

(学科)课程教学设计主要是指一门具体课程的教学设计,从它所针对的教学设计的任务来说,可以称它为长期设计。在学校教学活动中,(学科)课程教学设计工作一般需要一个专门的小组来共同研究完成,例如学校的学科教研组。

单元教学设计是介于(学科)课程与课堂教学设计之间的一种阶段性教学设计。单元教学设计除了要保证教学任务的顺利实现之外,还起着协调年级教学进度等方面的作用。单元教学设计一般由同年级、同一课程的任课教师共同参与完成。

课堂教学设计一般是指针对一节课或某一个具体问题所进行的教学设计活动,所以也称为即时教学设计。课堂教学设计一般由任课教师来完成。

(二) 教学设计的基本环节

教学设计是一个复杂的过程,主要涉及以下几个方面:

1. 分析教学内容

教学内容的分析是进行教学设计的一个重要环节。它将影响教师对教材的把握,直接影响教师对学习水平的确定和教学目标、学习目标的陈述,以及教学媒体的选择等后面的各个工作环节。一般地说,对教学内容的分析可以从三个方面进行:一是建构教材内容的知识体系;二是确定知识点;三是确定教学内容的重点和难点。如果完成此三项工作,就为目标的确定打下了坚实的基础。[①]

2. 确定教学目标

教学目标是教师和学生从事教学活动的指南和出发点,同时也是评价教与学活动的依据。在目标确定中,教师首先应该注意的是:在教学中目标不同,目标的层次水平不同,所应选择的方法也不同。其次,从学生的主体性出发,不但教师应该有教学目标,而且学生也应该有学习目标。教学目标和学习目标是作用于两个完全不同的过程,服务于两个不同的主体。再次,在制定教学目标时,

---

① 何克抗:《教学设计理论与方法研究评论》,《电化教育研究》1998 年第 2 期。

应该全面考虑认知、情感和动作技能领域的目标。

3. 了解学生的特征

教学设计须以学生的基本特征为前提。如果忽视学生的特征分析,那么所进行的教学设计常不能达到预期的效果。分析学生特征一般可从三个方面入手:一是了解学生的一般特征,主要是指学生的心理、生理和社会的特点;二是了解学生的起始能力,主要是分析学生对从事特定的学科内容的学习已经具备的有关知识与技能的基础,以及对学习内容的态度;三是了解学生的学习风格,学习风格是指对学生感知不同刺激、并对不同刺激作出反应这两方面产生影响的所有心理特征。

4. 了解教师本身的特征

教师自身的特征是进行教学设计的主观条件。教师在教学中表现出来的不同特征,从另外一个侧面影响着教学设计。教师是教学设计的主要策划者,而教师的个性是各不相同的,这些不同点主要包括教育教学观念、教育与学习理论知识的储备、语言表达能力、教学研究能力、媒体应用能力、教学经验与教学风格等。很显然,教师在教学设计时须充分研究这些因素,使设计能够符合以上这些条件。只有符合教师自身的条件,能为教师所掌握,教学设计才能发挥作用。

5. 认识教学资源

教师进行教学设计,应该考虑当地或本学校教学条件的可能性,要充分地挖掘、利用、整合各种教学资源,使某些教学资源由潜在的状态上升到显性状态,服从服务于教学的需要。

6. 确定教学组织形式

教学活动是通过一定的组织形式实现的。为了实现教学目标,怎样把一定的教学内容教给学生,怎样组织好教师和学生,怎样有效地安排教学时间、利用空间,怎样发挥教学媒体的作用等,这些都是教学组织形式要解决的问题。任何教学活动都将最终集结、具体落实到一定的组织形式之中。在课堂教学中,可以分为三个基本形式,集体教学、小组教学和个别指导。能够选用合适而有效的教学组织形式,是教师重要的教学技巧之一。需要注意的是,不存在一成不变的教学组织形式。集体教学、小组教学和个别教学之间互有长短,各有作用。为了系统全面地达到教学目标,有必要将三种教学组织形式有机地组合起来加以使用。

7. 选择适宜的教学媒体

教学媒体的选择是教师进行教学设计时需要认真思考的一个重要问题。特别是在现代信息社会的教学条件下,新的教学媒体层出不穷,功能越加丰富。面对众多可供使用的媒体,媒体选择的成功与否会直接影响到教学效果的好坏。很显然,在进行媒体选择时,并不是越现代的越好,也不是越昂贵的越好,应该根据各个教学要素的不同情况,选择适宜的教学媒体。同时,应该重视多种媒体的组合教学,根据教学内容和教学目标的需要以及各种媒体的特性,扬长避短、互为补充、有机结合地选择教学媒体,充分发挥整体功能大于各个部分之和的作用,达到教学过程的优化。[1]

8. 确定教学的操作步骤

确定课堂教学的操作步骤是指将前面确定的各个教学要素,按照一定的时间顺序,以一定的结构关系组织起来,形成一个有序的流程。简单说就是教学活动顺序的安排,即决定先做什么、后做什么,使得教学设计具有非常显著的可操作性,便于教师上课、备课和修改课程,有利于教师把握整体,在头脑中形成比较清晰的教学活动网络。

鉴于本书中其他章节也会涉及教学设计中的相关内容,这里着重分析教学目标与内容设计、教学方法与教学组织形式设计、作业设计、教学计划的制订,其他内容,如教学评价、教学媒体的选择等,参照相关章节。

训练提示

确定一教学任务,并按照上述操作步骤对该教学任务进行总体设计,分析教学设计过程中涉及的主要因素、遇到的主要问题以及解决问题的方法。

二、教学目标与内容设计

教学目标和教学内容都是构成教学活动的重要方面。在实际的教学活动中,首先要确定的就是教学要达到怎样的预期结果,这就是教学目标;为了达到预期的结果,就要确定要求学生掌握哪些特定的事实、观点、原理或问题,这就是教学内容。教学目标和教学内容的设计是教学设计的两个密切关联的环节。

(一) 教学目标设计

教学目标即通过教学活动所欲促成的预期的身心变化。由于教学活动可以从多个层面来看,因此教学活动的目标即教学目标有多个层次。一般来说,教学活动可以从课程、单元、课时等层次来看,因此教学目标包括课程目标、单元目标、课时目标等层次。课程目标是指某门课程在教学上总体所要达到的结果,即一门课程的教学活动所要达到的结果,亦即一门课程的教学活动从总体上所要促成的学生的身心变化;单元目标是对一门课程中各个组成部分的具体要求,即

---

[1] 李子运、李芒:《论学校课堂教学策略的几个基本问题》,《中国电化教育》1998 年第 3 期。

一门课程中的某个单元的教学活动所要达到的结果,亦即这个单元的教学活动所要促成的学生的身心变化;课时目标是对每个课时的具体要求,即一个课时的教学活动所要达到的结果,亦即一个课时的教学活动所欲促成的学生的身心变化。

1. 教学目标的分类

为了给教学目标提供一个分析与思考的框架,人们从各个角度进行了教学目标的分类,教学目标分类是教学目标设计的一个重要基础。人们已经创立了多种多样的教学目标分类体系。

美国著名的教育心理学家布卢姆和他的同事们共同研究的"教育目标分类学",在各种关于教学目标分类中占有突出地位,具有较大影响。这种分类有如下几个特点:

第一,将全部教育目标划分为认知领域、情感领域和动作技能领域这三个领域。认知领域的目标包括有关知识的回忆和再认,以及理智能力和技能的形成等;情感领域的目标主要包括兴趣、态度和价值观等方面的变化,以及判断力和令人满意的适应性的形成;动作技能领域的目标强调的是学生通过肌肉运动对材料和客体的某种操作或需要神经肌肉协调的活动,它们最常见于技术、书法、演讲、体育等学科。

第二,以外显行为作为教育目标分类的对象。布卢姆认为,以学生的外显行为作为分类的对象是有必要的,因为在学生的内隐心理活动和外显行为中,只有外显行为是可观察、可测量的,只有以外显的行为作为分类的对象,用关于外显行为的术语来陈述的教育目标,才具有实际意义并能加以客观的评价。

第三,教育目标是有层次结构的。布卢姆关于教育目标的分类体系中的各类目标,按照学生行为由简单到复杂的顺序,呈现出明显的层次性,从较低层次的目标到较高层次的目标,是累积性的。较高层次的目标是以较低层次的目标为基础的,包含了较低层次的目标。

第四,教育目标是超越内容的。布卢姆等人认为,他关于教育目标的分类是不受学科教学内容和学生年龄局限的,不论是数学、语文,还是历史、地理,也不论是低年级学生还是高年级学生,都可以把该教育目标分类的体系作为框架,加入相应的内容,形成每门学科的教育目标分类体系。在这方面,布卢姆等已成功地做了一系列的尝试,根据自己的教育目标分类框架,制定了中学十几门学科的教育目标。

第五,教育目标分类学是一种工具。在布卢姆等人看来,教育目标的分类本身并不是目的,而是为教育评价、为对教学过程和学生变化作出假设、为课程编制服务的一种工具。

该分类的具体内容如下:

（1）认知领域。包括有关信息、知识的回忆和再认，以及智力技能和认知策略的形成等方面的目标。按智力特性的复杂程度可分为以下六级：

知识：记忆、回忆或重复以前呈现过的信息的能力。

理解：用自己的语言来解释或说明所获得的信息的能力。

应用：将信息、概念、原理或定律应用于新的情况的能力。

分析：将复杂的知识分解成几个独立的部分，并认识各部分之间关系的能力。

综合：将分解的知识元素综合起来，形成新的整体或新的模式的能力。

评价：在已有知识和已给出的标准的基础上，进行判断和鉴定的能力。

这种分等的依据是从简单的智力活动到复杂的智力活动，从具体的智力水平到抽象的智力水平。

（2）情感领域。包括兴趣、态度、思想、鉴赏能力和价值观等，是注重情感、情绪或接受与拒绝程度的目标，可分为五级：

接受（注意）：将注意力集中到某件事或某个活动中来，并准备接受。例如，当教师讲解到某一历史事件时，学生安静地听着。

反应：积极地参与某种活动，并以某种方式作出响应。例如，学生就某历史事件提出问题。

价值判断：自发地表现出某种兴趣和关注。例如，学生要求阅读某历史事件的其他材料。

组织化：当遇到多个价值的情况时，乐意编排这些价值，决定它们之间相互关系，并接受某些占优势的价值。例如，当小组下一次讨论的会议时间决定后，学生决定不看他们感兴趣的电视节目而去参加会议。

价值或价值复合体的个性化：学生根据内在化的价值，采取某一行为，而且始终如一，并把这些行为作为他们个人的品格。例如，学生连续参加生物活动小组，并爱上生物专业。

这类的目标多用兴趣、态度、欣赏、价值观和情绪意向来表述，描述的都是内部的或内隐的感情或情绪。有简单地对所选择现象的注意，也有复杂而内在一致的性格和态度。

（3）动作技能领域。指某些肌肉或运动的技能，对材料和客体的某种操作的目标或某些要求神经肌肉协调运动的目标。可分为四级：

模仿：重复已展现过的动作。

操作：独立完成动作。

精确：准确地完成动作。

联接：有效地、和谐地完成动作，体现了协调的技能。

这类目标在人文学科中很少见，而常常与体育、技术课程以及书写、说话等联系在一起。

大多数的学习都包含了三个领域的目标成分，但是以其中一个领域的目标为重点。例如，某学科的学习主要是认知领域中的智力技能，可是始终离不开学生对该学科的态度问题。

20世纪90年代末以来，我国开始进行新一轮的基础教育课程改革，作为这一改革的重要事件之一，教育部于2001年7月颁布了九年义务教育各门学科的新的课程标准(有些学科还包括普通高中的课程标准)的实验稿，以取代原先的教学大纲。在多数学科的新的课程标准中，把课程目标(此为教学目标中的一个层次)划分为以下三类：

（1）知识与技能。这是要求学生掌握各门学科的基础知识和基本技能。

（2）过程与方法。这是新课程标准中增加的一个类别的目标，它注重的是学习、探究的过程。例如，在《全日制义务教育科学(3～6年级)课程标准(实验稿)》中，第一部分的课程目标，就是"科学探究"，这包括以下八个具体方面的目标：知道科学探究涉及的主要活动，理解科学探究的基本特征；能通过对身边自然事物的观察，发现和提出问题；能运用自己已有知识作出自己对问题的假想答案；能根据假想答案，制订简单的科学探究活动计划；能通过观察、实验、制作等活动进行探究；会查阅、整理从书刊及其他途径获得的科学资料；能在已有知识、经验和现有信息的基础上，通过简单的思维加工，作出自己的解释或结论，并知道这个结果应该是可以重复或验证的；能用自己擅长的方式表达探究结果，进行交流，并参与评议，知道对别人研究的结论提出质疑也是科学探究的一部分。

（3）情感、态度与价值观。这也是新课程标准中增加的一个类别的目标。例如，在《全日制义务教育科学(3～6年级)课程标准(实验稿)》中，第二部分的课程目标，就是"情感、态度与价值观"，具体包括以下六个方面：

保持与发展想要了解世界、喜欢尝试新的经验、乐于探究与发现周围事物奥秘的欲望；

珍爱并善待周围环境中的自然事物，初步形成人与自然和谐相处的意识；

知道科学已经能解释世界上的许多奥秘，但还有许多领域等待我们去探索，科学不迷信权威；

形成用科学提高生活质量的意识，愿意参与和科学有关的社会问题的讨论与活动；

在科学学习中能注重事实，克服困难，善始善终，尊重他人意见，敢于提出不同见解，乐于合作与交流；

意识到科学技术对人类与社会的发展既有促进作用，也有消极影响。

2. 教学目标确定的一般程序

教学目标的确定是一个复杂的过程,这个过程一般要经过一系列的步骤。美国教育学家泰勒曾经将确定教育目标的过程分为这样几个步骤:首先是根据学生、社会和学科这三个基本来源,提出尝试性的、一般性的教学目标;接着使用教育哲学和学习理论两个筛子,对已经提出的尝试性、一般性的教学目标进行筛选;然后得出精确的、具体化的教学目标。这一过程如图1-1所示。

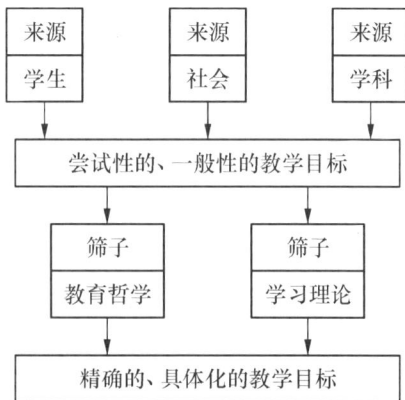

图1-1 泰勒确定教学目标过程图

具体说来,教学目标的确定过程一般要经历以下几个步骤:

第一个步骤是明确教育目的和培养目标。教育目的和培养目标相对于教学目标而言在整个教育目标的层次结构中处于较高的位置,此两者都是确定教学目标的重要依据,因此应该先予以明确。

第二个步骤是根据教学目标的三个基本来源即学生的需要和兴趣、当代社会生活的需要、学科的发展,提出尝试性的、一般性的教学目标。尝试性的、一般性的教学目标的提出又分为三个小的步骤:首先是课程目标的提出;其次是单元目标的提出;再次是课时目标的提出。一般说来,在这个步骤提出的教学目标是大量的,是比较粗糙的。

第三个步骤是确定教学目标的形式,即采用什么样的形式来表述教学目标。比如,是采用行为目标还是非行为目标。前者是可以检验的教学目标,是用操作性的行为作为教学目标表述的基本规范;后者则是用普遍性、形成性的语言表述教学目标,操作性不强,可验证性稍差。

第四个步骤是以教育哲学和学习理论等为依据,对经过上述第三个步骤得出的教学目标进行精选和加工。经过上述第三个步骤之后,得出的教学目标往往还是比较粗糙的,必须经过精选和加工,精选价值比较高的目标,去除价值比较低的目标。并对精选出来的教学目标进行加工,使之由粗糙的目标变为精细的目标。

3. 教学目标的表述

在教学目标的设计中,教学目标的表述是很重要的一步。不同取向的教学目标在表述上的要求是不一样的。一般说来,非行为目标的表述比较简单,只需遵循常规的语言规范即可,而行为目标的表述比较复杂。行为目标的表述一般要包含四个要素:

一是行为主体。行为目标表述的应该是学生的行为,因此行为主体是学生。在实际的行为目标表述中,行为主体可以省略,但是从逻辑上去判断主体应该是学生。例如,"能够独立复述课文"这个目标的逻辑主语是学生。要切忌使用"使学生"、"教会学生"、"培养学生"之类的表述,因为这类表述是以教师为主体的。可是在实际中,却有许多人习惯于使用以教师为行为主体的表述,即采用"使学生"、"教会学生"、"培养学生"之类的词汇,这是不妥当的。

二是行为动词。行为目标要表述的是学生能够作出某种行为,而这是要用恰当的行为动词来表述的,如"复述"、"写出"、"辨别"、"绘制"等。行为动词的使用是行为目标的一个很重要的标志。

三是行为条件。行为目标需要在表述中指明行为的条件,即影响行为表现的特定的限制或范围等,如"根据地图"、"不靠帮助或参考书"等。对条件的表述包括四种主要类型:允许或不允许使用参考资料或辅助手段;是否提供信息或提示;时间的限制;完成行为的情境。

四是表现程度。行为目标的表述需要指明表现程度,即学生对目标所达到的最低表现水准,用以评量行为表现所达到的程度,如"至少"、"百分之九十"、"完全"等。

以下是典型的行为目标表述的两个例子:

例 1 "给学生一篇文章,学生在五分钟内不靠帮助或参考书,能够识别出它的风格"。在这个例子中,行为主体是"学生",行为动词是"识别",行为条件是"五分钟内不靠帮助或参考书",表现程度是"能够识别出它的风格"。

例 2 "给予 20 个要填写形容词的未完成的句子,学生能在 15 分钟内分别写出形容词以完成句子"。在这个例子中,行为主体是"学生",行为动词是"写出",行为条件是"在 15 分钟内",表现程度是"20 个"。

【示例 1 - 1】

"大气运动"课时教学目标设计

高中地理"大气运动"内容的课时教学目标,按照传统设计,表述如下:

A. 知识目标

（1）理解热力环流形成，影响大气水平运动的"三力"及其作用下的风向。

（2）掌握气旋、反气旋的运动方向。

（3）在等压线图上表示实际大气中的风向。

B. 能力目标

（1）会画气旋、反气旋的示意图。

（2）会读简单的等压线图。

C. 德育目标

（1）使学生认识大气运动与人们生活生产活动的关系，明确人类应如何趋利避害。

（2）使学生将所学知识运用于实际、服务于社会。

从行为目标叙述技术角度看，该设计有一定缺陷。首先，学生主体地位不明确：A、B 中的主体是学生，C 中的主体是教师。其次，行为动词选用不当。A(1)、A(2)、B(2)所用"理解"、"掌握"、"会读"这些动词不能将学生活动外显，不利测量，难于把握，什么程度才是"理解"、"掌握"？怎样才算"会读"？再者，行为条件情境化没有体现，即通过什么媒体或利用什么信息能做什么行为。很显然 A(1)、A(2)、B(2)目标都没有体现，C(1)、C(2)更不用说，只有 A(3)、B(1)设计得较好。最后，从行为标准，也就是从表现程度具体化看，A、B、C 都没有体现。另外，从目标的系统性、层次性的原则看，把教学目标分成"知识目标"、"能力目标"、"德育目标"分别叙述似乎条理清晰、层次分明，而事实上不利于理解和实施。因为一个知识点它存在三维目标，它们是不可分割的整体，否则会引起误导和实施的困难。应按知识点统一叙述——每一知识点从三个维度进行叙述。这样更利于体现教学目标的系统性、层次性。

该设计叙述技术单一，采用的是行为目标方式。事实上像"情感、态度和价值观"这些体验性目标不宜用行为目标而应以表现性目标形式叙述为好。目标 C 大而空，根本无法测量。如果用表现性目标形式可在一定程度上弥补这一不足。

基于以上案例分析、结合前述理论，可将该课时目标分"热力环流"、"大气水平运动——风"、"气旋和反气旋"三个知识点，从三个维度利用行为目标方式，结合表现性目标方式进行综合叙述。设计如下：

（1）在给出的同一水平面上的气温不同两点，能画出它们之间的热力环流示意图，并且能指图说出，高低空气压高低状况，气流的运动方向，能举两个实际例子说明热力环流形成及其对我们生活的影响。

（2）能画理想水平等压线分布图，标出三种情况下，各个力的方向及其风向。

（3）能画气旋、反气旋示意图，据图说出各个方向的风。同时能进行两者的归纳比较。在水平等压线分布图上能判定气旋、反气旋，标出任一点的风向。搜集、整理有关台风的图片、视频或文字资料，谈一谈对台风的认识，进一步分组讨论抗灾防灾话题。

（选自刘妙挺：《新课程理念下的课时教学目标》，《地理教学》2005 年第 2 期。）

（二）教学内容设计

所谓教学内容，是指为实现教学目标而要求学生系统学习的知识、技能和行为经验的总和。教学内容的设计需要注意的问题是较为复杂的，其中特别需要注意的有以下几个方面：

1. 理解和认识教学内容

（1）注意处理好教学内容的各个基本来源之间的关系。教学内容的基本来源主要包括经验、知识、学科这三个依次提升、依次专门化的层次。特别需要注意做到如下两点：

第一，应该设计好经验、知识、学科这三个层次之间的结构关系。教学内容上一个总的概念是学生的经验，它包括直接经验和间接经验，其中间接经验一般可称为知识（此指显性知识）。而知识中有些是学科化的，有些则是未形成学科形态、学科结构的。在设计教学内容时需要考虑：间接经验应该占多大的比重，在间接经验中，学科知识又应该占多大的比重，这三个不同层次之间应该形成怎样的联系，使学生通过学习形成一个具有良好结构的、高效的经验整体。对于这些问题，在课程设计中一般已作了考虑，但这还不够，还必须在教学设计中作更具体的符合于当时情境的考虑。在教学设计中，对于这些问题的考虑，要以当时的教学任务、当时的社会生活需要、学生的身心发展特征、教师的条件、具体情况下的教学资源、当时的教学环境等为依据，同时还需要考虑教师个人和群体的教学理念。

第二，就知识、学科这两个层次而言，也应该考虑到多方面的相关问题。例如，长期以来，中小学教学内容的主体部分偏重于学科知识，即专门化、系统化的知识。而现在，随着学科分化的日益加剧，越来越不能简单地按照人类知识体系中的学科来建构中小学教学内容体系，而特别应该充分地考虑知识的"晕化"、知识系统的一体化。这里的"晕化"即指各领域（或各科目）间是相互渗透、相互联系的，不存在绝对的界限，只存在动态的、相对区别的"领域"①，体现知识"晕化"、一体化理念的做法之一是综合课程的设计及相应的教学设计；如果只停留

---

① 陶本一主编：《学科教育学》，人民教育出版社 2002 年版，第 100、113 页。

在"知识"这个层次而不注重学科化的知识,那么就往往要以问题为中心来选择教学内容,否则会使知识的学习变得过于零碎或漫无边际;我们经常需要考虑学科化知识的量与非学科化知识的量的比例关系问题。

(2)注意处理好人类科学文化知识各个领域之间的关系问题。在现代社会,人类科学文化知识已发展为多个领域。例如,一般将之划分为科学、道德、艺术等多个大的领域。这些领域的知识自然各有不可替代的功能,又各自都包含极为丰富的内容,每个领域都可进一步进行多层次的划分。要把这些领域的知识的全部或大部分变成教学内容,那显然是不可能的,而只能选择各个领域中极小的一部分。那么,各个大的领域选择多大的量呢? 各个具体领域又选择多大的量呢? 这是教学设计中同样必须考虑的重要问题。

(3)融通学校与社会生活,充分考虑学校教学的特殊性。教师需要认识到:第一,学生学习本是学生生活的一个部分,但又不能等同于学生生活,而应该看到它的特殊性,即它是学生生活中学习含量高的那个部分,因此它应该与学生生活融通,这是局部与整体的融通;第二,学生本来就是社会的一个组成部分,学生生活从来就是社会生活的一个组成部分,这个组成部分有其特殊性(如以身心发展为主要宗旨,以学习活动为主要的生活活动),学生的学习活动既要与大社会生活融通,又必须保持其特殊性,否则学生的学习就不成其为学习,学生也不成其为学生了;第三,学生学习与大社会生活的融通,还必须符合当前学生学习及大社会生活的发展变化趋势,如终身学习与终身发展趋势、社会学习化趋势等。同时,还要清醒地对待这些趋势,既实现多方面的必要的融通,又保持相关方面之间必要的界限,如学习与大社会生活之间的界限、学校与社会之间的界限、一个人不同年龄段之间的界限等,尽管这些界限是相对的;第四,教师不能为融通而融通,因此必须明确:学习与生活、学校与社会融通的主要宗旨有哪些,进而在此基础上,采取合理的策略。显然,与此相关的问题还远未完全得到解决,因此探索之路还很漫长;第五,学校与社会生活的关系本身是一个多变化、多样态的问题,它往往会因具体学生的不同、教学内容所属领域的不同、教师个人和群体教学理念的不同、教学模式的不同等而发生变化。

2. 把握教学内容的重点、难点和关键点

(1)把握教学内容的重点。任何事物或现象都是相互联系、相互制约的。任何学科的教学内容都有一定的知识结构,是一张相互联系、相互制约的知识网,重点知识就是这张网上的纲。教学内容的重点一般是带共性的知识和概括性、理论性强的知识。抓住教学内容中许多带共性的知识、方法、技能等,就抓住了教学的重点。教学内容中概括性和理论性强的知识主要是基本概念、原理、法则等,教学中抓住了这些知识,就能以纲带目,促进知识的迁移。

确定教学内容的重点时,首先要找出哪些知识是学生已经学过的,或者是以学生旧有的知识作基础的,对学生来说这部分知识较容易接受。在此基础上,进一步分析哪些知识是学生过去没有接触过的,甚至一点都不了解的,往往这部分知识就成为教学内容的重点。

（2）把握教学内容的难点。所谓难点是指学生难于理解和掌握的内容,是学生学习困难之所在。如对一年级小学生讲"颗颗稻粒多饱满",学生对"饱满"就难理解;初中学生学习"植物体细胞"一节,"细胞结构"就是难点,难就难在细胞不能用肉眼直接观察到。

难点因学生的年龄、知识水平和生活经验的不同而不同。一般来说,那些太抽象的、离学生生活实际太远的、过程太复杂的概念等,就是教学的难点。重点和难点有时是相同的,有时难点不一定是重点,还有时难点与重点无关。所以,难点的具体表现形式是不一样的。

（3）把握教学内容的关键点。所谓关键点,指的是教学内容中对顺利学习其他内容(包括重点、难点)起决定作用的知识。准确地抓住关键,往往能在教学中起到画龙点睛、纲举目张的作用。关键点的具体处理,要视其与重点、难点的关系而定。三者的关系有全部重叠、部分重叠、非重叠三种。全部重叠时,只要抓住关键,重点难点也就解决了;部分重叠时,关键点与重点重叠或难点重叠,抓住关键就意味着能突出重点或派出难点;在非重叠的情形下,对于关键点的处理,务必要精心设计、精心安排,争取以最少的时间获得最佳的效果,以保证有足够的时间去解决重点和难点。

新编教学工作技能训练

训练提示

1. 从中学语文或数学教材中选择某一节课的教学内容,对该教学内容进行三维目标设计,即确定该教学的知识与技能目标、过程与方法目标、情感态度与价值观目标。

2. 对该教学进行行为目标设计,用可见的、外显化的语词描述该教学要达到的目标。

3. 分析该教学任务的重点、难点和关键点,探讨该教学内容中知识点与以往知识之间的联系,以及该教学内容与学生生活实际结合的可能性。

三、教学方法与教学组织形式设计

(一) 教学方法设计

教学方法,是教学过程中教师与学生为实现教学目的和教学任务要求,在教学活动中所采取的行为方式的总称。教学方法的设计需要考虑以下问题:

1. 选择教学方法的基本依据

任何一种教学方法的最核心的作用,就是为实现教学目标和完成教学任务服务。选择和运用教学方法的实质,就是把教师的教学、学生的学习和教材的内容有效地连接起来,使教学的基本要素能够在教学活动中充分地发挥它们各自的功能与作用,从而实现预期的教学目标、达成预期的教学效果。因此,教学方法与教学目的、教材内容、学生特征、教师素质、教学环境之间存在着内在的有机联系,这就是教师在教学设计过程中选择和优化组合教学方法的基本依据。

（1）依据教学目标选择教学方法。一般来说,教学目标包括认知、情感和技能这三个领域,每个领域又可分为若干个层次。不同领域或不同层次的教学目标的有效达成,要借助于相应的教学方法和技术。如果所设计的教学目标强调的是知识的接受,则可采取讲解或讲授的方法;如果以学生掌握动作技能为主要教学目标,则可以采用实际操作训练为主的方法。所以,对教学方法选择的指导性因素应是具体的教学目标。这些教学目标既应包含着知识的内容目标,也应包括认知技能和认知策略方面的目标,还应包含培养和发展学生情意态度方面的目标。教师可依据这些具体的可操作性目标来选择和确定具体的教学方法。

（2）依据教学内容选择教学方法。首先,不同学段中不同学科的知识内容与学习要求不同,因此对教学方法的要求也有着明显的差异,所以学科的性质及其教学目标当然制约着教学方法的选择。另一方面,同一学科教学的不同阶段、不同单元、不同课时的内容与要求也不一样,同样要求教学方法的选择要具有多样性和灵活性的特点。这就要求教师应能把握各种教学方法的优势特征和适用范围,能够根据不同教学内容的教学需要选择教学方法。

（3）根据学生实际选择教学方法。教学中学生的实际特点,主要是指学生现有的知识水平、智力发展水平、学习动机状态、年龄发展阶段的心理特征、认知方式与学习习惯等因素。这些因素也都直接制约着教师对教学方法的选择,这就要求教师在教学设计过程中能够科学而准确地研究分析学生的上述特点,有针对性地选择相应的教学方法,使学生在学习和掌握知识、形成技能的同时,能够促进他们向更高的水平和阶段发展。

（4）依据教师的自身素质选择教学方法。教师素质在教学活动中主要表现为语言与表达能力、思维品质、教学技能、个性与特长、教学艺术与风格特征、教学组织与调控能力等方面。任何一种教学方法,只有适应了教师的素养条件,并能为教师充分理解和把握,才有可能在实际教学活动中有效地发挥其功能和作用。因此,教师在选择教学方法时,在考虑上述因素的同时还应当根据自己的实际优势,扬长避短,选择与自己最相适应的教学方法。同时,教师应在自己的发展中,不断提高自身素养和水平,丰富和改造现有的教学方法,逐步形成具有个性特征的教学艺术风格。

（5）依据教学环境条件选择教学方法。这里所说的教学环境条件，主要是指学校教学设备条件（信息技术条件、仪器设备条件、图书资料条件等）、教学空间（教室、场地、实验室等）和教学时间条件。教学环境条件的优劣对教学方法功能的全面发挥也有着一定的影响作用，特别是现代信息技术手段的运用，会更进一步开拓教学方法的功能。教师在设计教学方法时，要在时间条件允许的情况下，能最大限度地运用和发挥教学环境条件的功能与作用。

2. 教学方法的优化组合运用

教师在教学设计中选择教学方法的目的，是要在实际教学活动中有效地运用。首先，教学过程中一般来说不会是单一一种方法贯彻教学的始终，因为教学目标的全面实现一般来说不是仅靠一种方法就能完成的。教师应当根据具体教学的实际要求，对所选择的教学方法进行优化组合和综合运用。教学方法的优化组合和综合运用，实现的是各种方法的有机结合与相互配合，体现出教学方法运用的多样性、综合性、灵活性，从而达到发挥教学方法组合的整体性功能的目的。

其次，无论选择或采用哪种教学方法，在实际运用中都必须贯彻启发式教学思想，即要以启发式教学思想作为运用各种教学方法的指导思想。注意调动学生在学习过程中的主观能动性，引发学生强烈的学习动机，引导学生开展积极的思维活动，促进学生养成独立思考问题的能力，从而为学生的创造性思维品质的形成提供良好的条件。

另外，教师在设计运用各种教学方法的过程中，还必须充分关注学生的参与性。教学方法的运用不能仅仅成为教师"表演"的活动和过程，教学方法的运用过程实际上应当是师生双方共同参与、互相合作的过程。因此，教师在运用各种教学方法时，要充分注意发挥学生学习的主体作用，发扬教学的民主精神，鼓励全体学生（不是个别的、少数的学生）积极主动参与教学活动，形成良好的师生互动、生动活泼的教学气氛。

（二）教学组织形式设计

教学组织形式，又简称为"教学形式"，就是教学活动中教师与学生组合的结构形式，或者说，是教师与学生的共同活动在人员、程序、时空关系上的组合结构形式。在教师的教与学生的学所构成的教学活动中，必然存在教师与学生如何组合起来发生相互作用，存在如何对时空条件进行有效控制和利用的问题，这就是教学组织形式的问题。

从学生的组合方式来看，教学组织形式有两种基本类型：一为个别教学，即单个学生与教师发生相互作用，换言之，教师在同一时间只教授单个学生；二为集体教学，即学生以集体的形式与教师发生相互作用，也就是说，教师在同一时间里教授多个学生。这两种基本教学组织形式可以用图1-2表示：

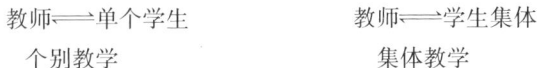

教师══单个学生   教师══学生集体

个别教学   集体教学

图1-2 两种基本教学组织形式

在上述两种基本教学组织形式中，集体教学组织形式又可以划分为多种具体的教学组织形式，其中比较典型的有：一是班级教学，即把学生按照年龄或知识程度编成固定的班级，教师面向全班学生进行教学的组织形式；二是分组教学，即把学生按照能力或者作业分成不同的组，教师面对全组学生进行教学；三是合班教学，即把两个或两个以上的班级合并起来，教师在同一时间里对由两个或两个以上班级合成的学生集体进行教学。考虑到我国中小学现有教学组织形式主要为班级教学，这里着重分析班级教学的设计问题。

班级教学具有许多具体的形式，如全班上课、班内小组教学、班内个别教学、班级现场教学、复式教学等。教师可以根据实际情况，选择和设计相应的教学组织形式。

1. 全班上课

在当今我国中小学教学实践中，全班上课是现代学校最为典型、使用最为普遍的班级课堂教学的组织形式。全班上课的主要特点在于：首先，在教学组织形式上是一个常规的班级，教师面对一个常规班级进行教学，它所采取的是同步学习的方式，即所有学生每次的学习内容、学习进度以及所采取的教学行为基本是相同的；其次，在教学活动形式上是采取上课的形式，由教师按照教学进度表上课，教师以系统讲授为主，以其他方法为辅向学生呈现教学内容，接受教师的讲授内容是学生学习的主要信息来源和主要形式；在教学中，教师起着主导作用，教师可以利用自己的情感、态度和行为直接影响学生并使他们产生相应的反应。

在选择和设计全班上课这种教学组织形式时，教师应该做到精心备课、精心设计，全面地考虑影响教学效果的各方面的因素，诸如教学内容、时间、空间以及人数等因素；在进行全班上课的课堂教学设计时，教师应该考虑设计创造学生与学生、学生与教师等多向交流的教学情境，充分设计和应用教学的反馈机制，及时有效地调控教学过程，注意调动全班学生的学习积极性和主动性。

2. 班内小组教学

班内小组教学的组织形式是不完全打破常规班级，根据实际教学的需要而暂时把一个班级分成若干个小组，由教师规定共同的学习任务并指导学生分组进行学习。其主要特点是：首先，在保留常规班级的情况下划分小组，进行小组学习活动；其次，小组不是永久性的而是暂时性的，是适应当时特定的教学活动的需要而组建的，如为举行讨论而组建等；再次，各小组的成员也不固定;最后,当特定的学习完成时,就结束班内小组教学形式而恢复为常规班级教学状态。

在设计班内小组教学时应该注意以下几点:一是小组的规模和小组的个数问题。首先,小组个数一般不能超过教师能监控的数量,否则小组教学活动就难以紧凑地开展,或容易使学生因为等待教师指导而浪费时间。从这一点来看,组的规模不能太小。规模太小,会使组的个数太多,不利于教师的控制,不利于提高教学效率。其次,每个小组规模大小,应当与该小组所从事的特定的教学活动相适应,要视具体情况而定,一般为5～8人一组。二是小组的划分或组建问题。一般情况下,将不同能力水平的学生安排在同一个组内,这样有助于小组内不同学生相互交流、相互帮助和相互促进,可以使小组内每个学生在解决问题时交替发挥各自的作用,展示自己的才华和发挥自己的潜能,有利于培养学生的合作精神和能力。三是小组的组织协调问题。在小组学习过程中,每个小组应安排一个组长,负责小组学习过程中相关的组织和协调,同时要注意设计和发挥每个学生自我活动的积极性与主动性,教师一般需要对各个小组学生的学习进行指导。小组学生活动结束时,一般要在全班范围内进行汇报、总结。四是灵活变换问题。任何一种分组方式所能适应的教学情境都是有限的,因此有必要根据教学内容或教学情境的变化而变换分组的方式。应该根据学习内容或活动方式变化的需要,变换分组的角度、规模和结构等。

适合采用班内小组教学的教学情境是多种多样的,诸如,理科教学中的实验,外语教学中的听说训练,体育或艺术教学中的技能技巧训练,劳动技术教学中的问题解决,人文科、社会科或思想品德课中的讨论等。

3. 班内个别教学

班内个别教学是在课堂教学情境中进行符合学生个别差异的教学形式,是在保持原有班级的前提下,在全班上课的基础上,教师在一定时间内因人制宜地以一对一的形式对个别学生进行指导、辅导。其主要特点是:首先,它不否定全班上课,而是以全班上课为基础的,是作为全班上课的一种补充形式而采用的;其次,这种教学组织形式主要面向班上学习较困难或学习速度较快的学生,面向较困难的学生以使他们能够跟上该班的教学进度,面向学习速度较快的学生以便使他们"吃得饱",充分发挥每个学生的学习潜力。所以,班内个别教学的形式比全班教学和小组教学组织形式允许学生有更灵活的学习进度和学习时间安排。

在设计运用这种教学组织形式时应注意:第一,教师对学生的指导、辅导必须以该学生的学习准备和性格特点等为基础,必须针对学生的学习难点,要针对各个学生的不同需要或与学生一起确定学习的范围和进度;第二,教师的作用主要在于指导和帮助学生自学和独立学习、独立钻研,同时要注意督查学生问题解决的过程,促使学生能够采取有效的方式方法集中地进行作业;第三,要求或建议学生准备的学习材料,教师应经过精选,并且应当设计和确定相应的反馈和评定方式与方法;第四,在进行具体的教学设计时,教师应当注意到个别学习必须依靠学生学会自己独立思考问题、独立解决问题,因此要注重学生的独立学习和独立钻研能力的培养;第五,这种个别指导、辅导应该特别注意因材施教、因人制宜。同时,教师应当注意的是,班内个别教学必须与全班的同步学习或同步教学相结合,或以全班的同步学习为基础,从同步学习、同步教学中引出,再回归同步学习、同步教学。

训练提示

1. 选择一节课,对该节课的教学方法进行分析,判断各教学方法在该节课优化组合的程度。

2. 选择一项教学任务,并用全班教学、小组学习、个别教学三种教学组织形式加以设计,并分析三者运用技能要求的异同。

四、作业设计

作业是教学活动的重要环节,在进行一段相对独立的教学活动之后,给学生布置适当数量的作业,既能起到巩固知识、发展学生思维能力的作用,又能了解学生学习的状况。从一定意义上说,作业不仅是对学生学习的要求,也是对学生学习状况的评估手段。

(一) 作业的分类
1. 按完成作业的时间和目的分类
按完成作业的时间和目的分类,作业可分为课前预习作业、课堂练习作业和课后复习作业三种。

(1) 课前预习作业。指每堂课教师正式上课前布置的作业,要求学生通过预习来完成。通过预习,一方面熟悉课文,抓住课文的重点难点;另一方面则可培养学生自学能力和学生学习的主动性、自觉性。预习作业的设计,要围绕教学目标这个中心,注重激发学生学习兴趣,启迪学生探究教材,要做到点面结合、详略搭配。

(2) 课堂练习作业。课堂练习作业伴随着教学活动进行,其主要目的是让学生对课上学到的知识及时理解、消化、应用。因此,课堂作业应该具体、明确、有针对性。课堂作业的题目一般不宜太大,因为课堂上给予学生静心思索的时间有限,要能够在较短时间内得出答案,让教师继续进行教学活动。同样,课堂作业的难度要适中,不宜过难,否则会降低学生学习积极性。

(3) 课后复习作业。完成课后复习作业对教学重点的强化、教学难点的解决、知识的巩固和能力的发展有特殊意义。一节课的教学要求是否达到,可以通过布置课后作业来检查;学生对该课内容的掌握程度,可通过课后作业质量得到反映;课堂教学中各分散的知识点,可在课后作业中综合归纳,成为学生知识系统的一部分。

2. 按完成作业的方式分类

按完成作业的方式分类,作业可分为口头作业、书面作业和观察实验作业。

(1) 口头作业。一般有朗读、复述、背诵等形式。口头作业既要求学生掌握一些知识点,也是对学生记忆能力、理解能力和语言表达能力的训练。

(2) 书面作业。是各科通用的作业形式,具体设计方法视各科教学特点而有所不同。书面作业的设计应要求明确,能巩固知识,发展能力。在对学生进行书面作业的训练中,不仅要训练学生答题的准确性,思维的灵活性,还要求学生书写认真、字迹清楚、笔画工整。

(3) 观察实验作业。常见于物理、化学、生物等学科,其目的在于培养学生观察能力和动手动脑能力。这类作业,教师宜在方法、步骤上做具体指导。

3. 按作业的难易程度分类

按作业的难易程度分类,作业可分为基础性作业和提高性作业。

(1) 基础性作业。面向全体学生,是完成课程标准要求的基本训练。基础性作业题目是大多数学生通过努力都能很好完成的题目。这类题目的设计以帮助学生巩固知识点为目标,以课堂教学内容为范围,不宜太深。

(2) 提高性作业。主要是针对一些学习成绩好、能力较强的同学而设计的。布置这类作业时,尤其要注意量和度。数量太多,程度太深,超出学生的能力范围,有时会适得其反,收不到预期效果。

(二) 作业设计的要求

1. 数量适当

若作业留得过多,学生负担加重,他们就会产生惧怕、反感、被动应付的心理,这样既失去了巩固所学新知识的目的,也不利于学生身心健康发展;若作业留得太少,学生又有可能放松对学习的要求,达不到课程标准的要求,从而影响教学质量。因此,对作业进行设计时,教师首先要了解学生课外负担如何,能否完成所布置的作业,然后再确定作业的数量。

2. 难易适度

若作业太简单、太容易,学生会感到没有挑战性、乏味,不但提不起兴趣,而且会影响知识的掌握和智能的发展;若作业过于艰深、太难,学生又有可能感到无法下手,丧失信心。所以,作业的设计要考虑学生的独立思考水平,其难易程度应根据中等水平学生的能力而定,选择那些有一定难度,需要努力思考而又是学生能够完成的题目。

3. 要求适宜

若作业要求太严,学生无法实现,势必造成紧张心理,反而影响作业的质量;若要求太松,放任自流,即使作业完成了,也达不到布置作业的预期目的。因此,作业要求应做到严而有度,逐步提高。

4. 范围适中

作业设计要根据教学目标、教学重点和教学难点,强调针对性,而不能面面俱到,杂乱无章,使学生抓不到重点,起不到强化新知识的作用。

5. 布置灵活

作业设计应充分发挥课本上习题的作用。课本上的习题对于学生掌握基础知识和基本技能是不可缺少的。教师要认真钻研课本上的习题,注意探索其潜在的内容和背景,引导学生重视课本上习题的完成。

总之,教师在设计作业时要精心设计、巧妙安排,使之既符合课程标准、教材的要求,又适合学生年龄特点、接受能力的要求;要有全局观念,既要考虑学生全面发展,又要考虑学生的个性发展,切不可盲目增加学生课外负担。

训练提示

选择某一学科教学参考资料,对其课后作业按照上述五条要求进行分析,并提出改进建议。

五、教学计划的制订

教学计划是教师进行教学活动的具体行动方案,它是在明确教学目标、了解学生、研究教学内容与教学方法等的基础上由教师制订的,是具体落实教学目标、教学思想的行动方案。教学计划按一定的教学时间来划分,可分为学期教学计划、单元教学计划和课时教学计划(即教案)。

(一) 学期教学计划的制订

学期教学计划是指教师开学前对所教课程作出的一个学期的全面计划和通盘安排,是完成一个学期教学目的所确定的工作范围和教学进度的实施方案。

在制订学期教学计划前,教师要明确学校培养目标和教学大纲,在通览教材的基础上,明确分年级的教学要求和本学期教学范围,根据对学生的初步了解和学校总体工作计划要求,对学期的教学进度作出具体安排。

学期教学计划的内容包括说明和进度表两部分。说明部分包括:本学期教学总目标和要求,学生的基本情况和简要分析,提高教学质量的主要措施,对讲授、讨论、复习、考试和节假日作出时间分配等。进度表用表格形式,按学期周时数分配教学内容,列出章节题目、教学时数,还对复习、考试、生产劳动作出安排。一个好的学期教学计划一般应符合以下条件:

第一,计划内容项目齐全,即有情况分析、教学目标、主要措施、进度安排等。制订计划的时间应在学期授课之前;第二,学生情况分析具体、透彻,有理有据,符合实际情况。对教材的分析,知识结构清楚,能准确地把握教材的重点难点和知识的纵横关系;第三,教学目标明确,要求恰当,合乎课程标准的要求。既有使学生掌握学科知识、技能、提高能力方面的目标,又有思想品德方面的目标;第四,制定的措施具体周到,针对性强,切实可行,使完成教学任务确有保障;第五,进度安排合理科学,符合要求。进度表填写项目齐全,时间计算准确。

(二) 单元教学计划的制订

单元教学计划是指在一个单元教学开始之前,对这一单元或课题教学工作进行的全面安排。如有的语文教材的内容编排体系,是将每册教材中体裁相同或相近的阅读课文编成一个单元,每个单元编排了学习重点。每个单元体现着整体性的特点,教师备课必然要通盘考虑一个单元的教学安排。对其他学科则以一章作课题编制计划。

单元教学计划的内容主要包括:课题名称、教学目标、课的类型和教学方法、教学时间分配等。可参考如表 1-1 和表 1-2 格式:

表 1-1　单元教学设计示例

教学目标:1.⋯⋯　　2.⋯⋯　　3.⋯⋯　　4.⋯⋯
教学进程(或步骤):共 10 课时
起领课 1 课时,内容要点_____　基本课型_____　基本教法_____
起读课 3 课时,内容要点_____　基本课型_____　基本教法_____
自读课 2 课时,内容要点_____　基本课型_____　基本教法_____
比读课 1 课时,内容要点_____　基本课型_____　基本教法_____
写作课 2 课时,内容要点_____　基本课型_____　基本教法_____
总结课 1 课时,内容要点_____

表 1 - 2　单元进度计划示例

单元名称：
教学目的：
教学重点、难点和关键点：
教学方法：
课时安排：
备注：

（三）课时教学计划的制订

课时教学计划又称教案，是教师在前述各项准备工作的基础上，经过周密策划而设计出来的关于课堂教学的具体实施方案，是教师进行教学设计的最后一个环节，也是教师教学设计中最为全面系统、深入具体的一步。它是教师上课的直接依据，是保证教师有计划、有步骤上好课的必要手段。

教案内容主要由以下四部分组成：一是概况，包括课题、教学班级、教学时间、教学目标、教学重点和难点、课的类型、教学方法、教具等；二是教学进程或教学过程，包括教学步骤及其时间分配、教学内容的分析和教学方法的运用等；三是板书设计或多媒体手段设计；四是教学后记或教学反思，即教师课后的小结或教学心得。教案的格式多种多样，常见的有如表 1 - 3 和表 1 - 4 两种：

表 1 - 3　教案格式 1

班级		学科		教师	
课题					
教学目标					
课型		教学方法			
整体过程					
板书或多媒体手段设计					
教学后记					

表 1-4 教案格式 2

班级		学科		教师	
课题					
教学目标					
课型		教学方法			
时间		教学程序		板书或多媒体手段设计	
(分钟) (分钟) (分钟) (分钟)					
教学后记					

在全面推进素质教育的进程中,教案内容也要以学生的发展为本,常写常新,应特别关注教案撰写中的以下几方面:

第一,教案要从对教师"教"的构思,转向对学生"学"的引导。教师不仅要传授知识和技能,而且要指导学习方法,要注重知识的生成过程,结论应由学生自己去发现。另外还要注重培养学生健康的情感、态度和价值观,让更多的学生参与到教学活动中去,以促进每一位学生的充分发展。

第二,教案设计要大胆创新,不迷信教参,应多方开发和利用课程资源。过去教师往往过分依赖教参,成为教参的"忠实执行者",不敢越雷池半步。现在教师备课首先应了解学生的学习意向、认知基础、生活经验、年龄特点和学习障碍等,要多方扩充信息,不断充实、完备备课资料,跳出只教教材的圈子。其次要引导学生体验和领悟教材的精髓,让教材成为学生挖掘"源头活水"的工具。

第三,要重视教学的反思总结工作。教学工作是一项"没有最好,只有更好"的工作,教师要想不断提高教学水平,就要不断进行反思总结,写好教学后记。其形式、内容多样,不受任何限制:可总结成功的经验或失败的教训,可修改补充教案,也可撰写案例分析等,这些记录可以作为研究教学的第一手材料。

第四,教案格式应不拘一格。首先,教案在形式上要革除八股式的条条框框,不拘一格,写出个性,写出新意,写出实在的东西(可参见下列教学设计示例)。在字数上可不作限制。只要有自己的见解,适合学生的发展需要,能动态地指导教学,就是好教案。这样可以给教师一个自由发挥的空间。其次,教案可以写在备课纸上,可以批注在课本上,也可以制成多媒体课件。

1. 选择某一学科某一教学单元,对该单元教学计划进行设计,并在小组内进行交流研讨。

2. 借助网络或其他手段搜集至少五个教案,对这些教案进行比较分析,作出合理性评判。

3. 设计某一节课的教案。

[示例1-2]

初中物理的教学实践表明,对同一个教材内容的知识与技能的要求可能是基本相同的,但由于学生的经历和体验的差异等方面因素的影响,学生形成知识的过程与方法,教学目标的表述与过程设计的思路会有所不同。阿基米得原理的教学过程设计,可以通过理论演绎、实验归纳、理想实验等不同的设计思路来实现。在实际的教学设计过程中,具体采用哪一种设计方案,要视学生的认知水平、教学的资源条件,以及对学生能力培养的要求来确定,适合学生发展需要的设计就是最佳的。

下面用表1-5对"阿基米得原理"的教学过程设计提出四种方案。

表1-5 "阿基米得原理"教学过程设计的四种方案

	知识与技能目标	教学过程设计的基本思路	教学过程与方法目标	情感、态度、价值观目标	教学过程中探究点及其水平
方案1	1. 知道浮力大小只跟液体的密度和物体排开液体的体积有关 2. 理解阿基米得原理 3. 能够正确使用溢杯	通过阿基米得在浴缸中悟出浮力大小的动画展示,再由学生用泡沫塑料块做小实验,来模拟和体验上述过程,学生根据感受和观察到的实验现象,从而提出猜测:浮力的大小可能与它所排开液体的多少有关。再引导从定量关系出发,进一步提出猜测:浮力的大小可能等于它所排开液体的重力,再用实验验证,进而得出阿基米得原理	1. 让学生经历发现问题,提出假设,设计实验方案,操作实验,搜集和分析数据,归纳得出结论,进而验证假设的探究过程 2. 让学生经历完整归纳的学习过程	1. 从学生的自身体验入手,激发学生分析物理问题的强烈兴趣,促进学生积极参与和主动探究 2. 在分组实验中,让学生感悟"合作"的重要性,培养学生与他人合作的能力	探究点: $F_浮 = G_{排液}$ 水平:B级 1. 能看出浮力大小可能与排开液体的多少有关 2. 能从定量关系出发,得出浮力大小可能等于排开液体的重力

	知识与技能目标	教学过程设计的基本思路	教学过程与方法目标	情感、态度、价值观目标	教学过程中探究点及其水平
方案 2		创设情境，引导学生猜测浮力大小可能与哪些因素有关，并进一步得出 $F_浮 \propto \rho_液 V_排$，在此基础上再次进行猜测、推理、实验归纳，得出阿基米得原理	1. 在实验探究的过程中，让学生体会科学猜测、观察实验、控制变量等科学方法 2. 提高学生分析、归纳实验数据得出物理规律的能力	1. 通过对影响浮力大小有关因素的猜测过程，让学生感悟质疑、求真、创新等科学精神的基本要素 2. 在探究过程中，培养学生实事求是的科学态度和认真踏实的学习习惯	探究点： $F_浮 \propto \rho_液 V_排$ 水平：C 级 1. 能确定浮力大小与液体密度和排开液体的体积有关，并与它们的乘积成正比 2. 能从物理量的对应关系，得出浮力大小可能等于排开液体的重力
方案 3		通过视频演示浮力产生的原因，学生用已经学过的压力、压强公式导出浮力的计算公式 $F_浮 = gV$。通过对 ρ, V 所对应的物理量的讨论，得出 $F_浮 = \rho_液 gV_排$，利用公式演绎导出 $F_浮 = G_排液$，并用实验得出阿基米得原理	1. 能运用演绎法得出数学表达式 2. 通过分析、推理、判断等逻辑思维方法，确定数学表达式中各符号所对应的物理量	1. 通过推理、演绎，培养学生尊重事实的科学态度和积极主动的探究精神 2. 在自主活动中发现新的规律，有助于建立学生自信心和成就感	探究点： $F_浮 = \rho_液 gV_排$ 水平：C 级 1. 能利用压力、压强公式导出 $F_浮 = \rho gV$ 2. 通过讨论确定 $F_浮 = \rho_液 gV_排 = G_排液$
方案 4		根据学生已经掌握的二力平衡，对液体中的某一液块进行受力分析，得出液块所受浮力大小等于液块所受到的重力，并引导学生得出液块受到的浮力是液块外的其他液体对它的作用。然后利用动画演示假想实验，将液块移走，同时将形状完全相同的替代物移入液块原来的位置，引导学生根据液块和替代物所受浮力的施力物体没有发生变化进行猜测、推理、实验验证，得出阿基米得原理	1. 让学生经历和体验理想实验的研究方法，认识和了解等效替代的科学方法 2. 提高学生分析、推理、判断等逻辑思维能力	1. 通过理想实验的推理过程，让学生感悟透过现象看本质的科学思想 2. 通过对阿基米得生平的介绍，对学生进行人文精神熏陶 3. 通过分组实验活动，培养学生合作精神和实事求是的科学精神	探究点： $F_{浮替代物} = F_{浮液块} = G_{液块} = G_排液$ 水平：C 级 1. 能利用二力平衡的知识得出 $F_{浮替代物} = G_{液块}$ 2. 利用等效替代推理得出 $F_浮 = G_排液$

（本篇教学过程设计参考了张主方老师的文章《初中物理教学设计和评课建议》，原文见《计算机教与学·现代教学》2006 年第 7/8 期。）

上述设计的共同特点,是比较好的体现了现代教学设计的基本思想,在具体的设计过程中反映了新课程改革的基本理念,关注学生在学习过程中的主动性与参与性。

思考与练习

1. 什么是教学设计?

2. 教学设计的基本环节有哪些?

3. 教学目标的基本分类有哪些?如何表述教学目标?

4. 如何把握教学内容的重点、难点和关键点?

5. 教学方法选择的依据是什么?

6. 班级教学设计中应注意哪些问题?

7. 作业设计的基本要求有哪些?

8. 教案的基本格式有哪些?教案设计时应注意把握哪些基本要求?

第二章
教学方法技能

本章目标

1. 记忆教学方法的含义,了解教学方法的分类。

2. 了解各教学方法的基本步骤和应用注意事项。

3. 学会实际应用各教学方法。

　　古今中外积累的教学方法是十分丰富的,教师只有按照一定的科学根据,综合考虑教学的各有关因素,选取适当的教学方法,并能合理地加以组合,才可能使教学效果达到优化的境地;反之,如果毫无选择地使用教学方法或错误地选用教学方法,都会给教学活动造成不良影响。每个教师都必须学会科学地、恰当地选择教学方法。

一、教学方法概述

(一) 教学方法的含义

　　一般地说,教学方法是指为实现既定的教学目标,在教学过程中师生共同活动所采用的一系列办法和措施。这个界定具有以下几方面的含义:

　　第一,教学方法是以教学目标为指向的。如同毛泽东同志所讲的,方法就是渡河的工具或手段,我们的目标是渡河,而在渡河中,可以选择乘船或架桥。教学方法自始至终是围绕教学目标展开的,目标不同,方法可能也就大相径庭;即使目标相同,也可选择不同的方法来达成目标。

　　第二,教学方法是在教学过程中展开的。教学方法是与教学的实际进程紧密结合在一起的,离开了教学进程,方法也就不成其为教学方法。也可以说,教学方法是教学过程中的一个组成部分,不能涵盖教学过程的全部内容,它只有存在于教学过程中才有意义。

　　第三,教学方法是教师和学生之间相互联系的活动方式,是教师发出信息和学生接受信息的途径,它是师生双边活动的过程。在这里,教法与学法是统一的。教师无论是对教法的选择和运用,还是对学法的指导与实践,无不贯穿着这种统一。两者相辅相成,相得益彰。叶圣陶先生曾说过:教是为了不需要教。这里"教"是前提,"不教"是目的;要想达到"不需要教",就须先教。教的过程既传授知识又教给方法。欲以"不教"之手段达到"不需要教"之目的,是无法做到的。

教学方法有以下几个特点:

其一,相对性。任何一种教学方法,既有优点,也有缺点,不存在绝对好的方法或绝对坏的方法。正如巴班斯基所说的:每种教学方法就其本质来说,都是相对辩证的,它们都既有优点又有缺点。每种方法都可能有效地解决某些问题,而解决另一些问题则无效,每种方法都可能会有助于达到某种目的,都妨碍达到另一些目的。

其二,针对性。教师在进行教学时,要针对不同对象和特点,不同的目的要求,采取不同的态度,选择不同的教学方法。一般说来,教师往往使用那些掌握得比较好的教学方法。教师对教学方法掌握得越多,就越能找出适合特定情况的教学方法。同时,教学设备的多样化、现代化也为教学方法的选择提供了可能。

其三,综合性。教学方法是教师教的方法和学生学习方法的综合体。教师教的方法,在于示范、启发、训练和辅导;学生学的方法,在于观察、仿效、运用和创造。并且,各方法在运用中,需与其他方法相互配合,取长补短,这样才能达到预期的教学目标。

其四,多样性。教学内容、目的是多样的,教学方法也势必是多样的。从今天来看,教学方法多样化的趋势正在进一步扩展,一些新的教学方法正在随着教育教学改革的推进而涌现出来,原有的一些教学方法也正在被赋予新的含义和光彩。

(二) 教学方法的分类

按照教学方法中主体因素的构成来进行区分,教学方法可以分成:以教为主的教学方法、以学为主的教学方法和教与学并重的教学方法。

以教为主的教学方法,分为三种:以语言形式获得间接经验的教学方法,以直观形式获得直接经验的教学方法,以实际训练形式形成技能、技巧的教学方法,三者分别表现为讲述法、演示法和练习法。这些教学方法之所以经常被采用,主要是因为它们都有重要的使用价值,对提高教学质量具有特定的功效。

教与学并重的教学方法,又分为三种:以感受体验形式获取知识的教学方法,以参与互动形式获取知识的教学方法,以质疑问难形式获取知识的教学方法,三者分别表现为角色扮演法、讨论法和问题教学法。这些方法注意调动学生参与教学的积极性,通过学生的主动活动获取知识,是教学方法的重要组成部分。

以学为主的教学方法,也分为三种:以学生自定学习目标、学习计划,自我把握学习进程为特征的自主学习,以小组活动为主要形式、师生合作以及生生合作为特征的合作学习,以提出问题、分析问题、解决问题为线索的探究学习。

二、以教为主的教学方法

(一) 讲述法

讲述教学法,是教师最为常用的教学方法,在中小学中有着广阔的运用范围。这种方法是与学校的创建密切相连的,甚至在学校这种教育机构存在的相当长的一段历史时期,教师主要运用的就是讲述法。虽然,现代学校有了许多新的方法可供教师选用,但教师善于运用,同时也在一定程度上乐于运用的仍然是讲述法。

1. 基本步骤

在教学中运用的讲述教学法大体可分为三个阶段:第一阶段是准备阶段,第二阶段是讲述的实施,第三阶段是教学后的反思。

第一阶段:首先教师需要制订明确的学习目标。因为讲述教学侧重的是向学生传递一套系统的有价值的知识,因此学习目标更多的是描述学生要达到的行为(可参见学科教学论教材中的相关论述)。

其次是拟定和准备教学内容。教师需要收集有关资料,并按照内容要点将材料加以整理,循序渐进、由浅入深地呈现主题。

再次是分析学生背景。虽然讲述教学并不能照顾学生的个别差异,但学生的总体特点需要加以考虑。

第二阶段:导入。所占时间较短,一般不会超过五分钟,其作用是引起学生的注意和引发学习动机;另一方面,也可将学生已有知识与新知识建立起内在联系。

讲述。按讲述提纲所罗列的内容序列逐一讲解。讲述的内容要尽可能地与学生原有的知识基础发生联系,符合学生的接受能力。同时,讲述要注意带有启发性,在讲述过程中,可不断地提出问题并解决问题,为学生提供科学的认识、解决问题的范例。

总结。综述讲解内容的要点,将主要内容或结论再次展示给学生,使学生能够加深对这些问题的认识,形成对讲解内容的完整印象。

第三阶段:教学后的反思,可以认真思考一下讲述教学中,是否真正把学生的动机激发出来了,激发的程度如何;教学目标是否达成了,是全部达成还是基本达成;内容的讲述是否层次分明、系统完整;语言的表达在哪些方面还需要进一步改进;教学手段的运用是否恰当;学生的反映是否热烈等。这些问题的思考,能在一定程度上保证教师清醒地认识自己讲述教学的利弊得失,并且为后续的教学打下坚实基础。

2. 应用须知

讲述教学法常为教师采用,但在运用时,需注意以下事项:

第一,讲述教学法的前提是假定了所讲述的知识是有价值的和值得传授的,教师作为知识传授者,必须要有一定的知识基础,掌握尽可能多的材料,这样才能使学生获得正确的概念和知识。另外,教师的知识越丰富,讲述的内容才越深刻,讲述的投入越多,其感染力也就越强。

第二,教师对学生的背景要有一定的认识,尤其对学生的学习准备情况要有较多的了解,同时要注意把握学生注意集中的程度和时间。比如,一般成年人集中注意听讲的时间大体在 20 分钟左右,相比之下,儿童集中注意的时间要短一些,注意到这些基本的事实,实施的讲授才能事半功倍。

第三,教师应注意语言的简洁和清晰度,以及讲述过程中非言语行为的恰当和配合。

第四,教师在讲述过程中要与学生保持眼神接触,注意把握学生的学习状态,并且适时配合提问,提升学生学习的积极性和主动性。

第五,教师要注意将讲述教学法与其他教学方法综合使用,同时注意运用多媒体等手段增强讲述的趣味性和生动性。

(二) 练习法

练习教学法虽然不像问题教学法、演示教学法那样,容易调动学生学习积极性,给学生更多自主支配的时间和空间,但由于其能使学生较为牢固地掌握知识与技能,因而在实际教学中用途依然广泛,它在某些学科的某些课程教学中,甚至还是占主导地位的教学法。

1. 基本步骤

练习教学法大体分为以下几个步骤进行:引起动机—练习说明—反复练习—评估练习效果。

(1) 引起动机。教师应向学生介绍本节课的价值和重要性,引发学生学习动机,促使他们专心致志地学习。

(2) 练习说明。说明练习注意事项、练习主要内容、练习要达到的主要目标等。

（3）反复练习。本步骤重在为学生提供练习机会。练习的方式有二：一为分步练习，另一为整体练习。分步练习是指将所要学习的知识与技能，分为几个组成部分进行练习。当第一步练习掌握后，再练习第二步，直至完成所有内容。然后再把各步连接起来，直到掌握为止。整体练习时不分步骤、段落，而把相关知识和技能作整体的反复练习，直到掌握为止。学生在练习的过程中，教师通过观察等手段加以指导。

（4）评估练习效果。教师通过观察、研讨、小测验等方法对学生练习情况进行评估，指出练习中存在的问题，强化练习效果。

2. 应用须知

（1）明确练习的意义和目标。练习要围绕特定的学习目标来进行，在练习之前，教师需明确该项练习的意图和目标。

（2）练习设计注意联系学生生活经验。要思考学生已有的生活经验，注意从这些经验和社会实际中选择可用于练习的资源。练习与学生已有经验的联结，可大大调动学生练习的积极性，降低因机械练习给学生带来的不愉快感受。

（3）注意分析学生的学习基础。练习的开展应该以学生现有的理解水平为基础。学生如果能对练习内容有较多了解和认知的话，就容易把握练习的关键，切实掌握练习中蕴含的知识和技能。

（4）注意调动学生的练习动机。维持学生的练习动机，对学生持续练习甚为重要。强烈的学习动机能够使学生产生练习的意愿，并且有持久力去面对和克服困难。学生对知识和技能的掌握，贵在主动练习，切忌使学生陷入被动应付的状态。消极应付只能勉强使学生达到最低的学习标准，而主动练习不仅能够使练习达到应有目标，而且还能超越现有的标准。

（5）练习设计要得当。适当的练习设计，可以提高练习的效能。在练习中，教师要根据实际情况选择分散练习还是集中练习。分散练习是把练习技能的时间分散在一节课的几个时间点或几天内进行的，使学生分段完成练习；集中练习则把练习时间相对集中，一气呵成。一般说来，分散练习优于集中练习，因为这种练习方式比较容易保持记忆痕迹，学生有复习机会，而且练习的注意力也会较为集中。至于练习时间长度及分散广度，也需要视内容性质和学习情况而定。另外，教师还需要注意，在某些情况下，应为学生提供过度练习的机会。过度练习是指学生在练习到完全掌握后，再加强练习，直至熟练掌握为止。这样的练习可在很大程度上使学生熟练掌握某种知识或技能，并且能够长期记忆，减少遗忘。

（6）为学生提供适当反馈。在练习过程中或练习之后，教师应注意为学生即时提供反馈信息，让他们明了自己是否掌握了该项知识或技能。对练习教学来说，教师的反馈至关重要，可增强练习的联结，强化练习的效果。当然，教师的反馈也不应过度，过于频繁的反馈也会打乱学生的学习进程。

新编教学工作技能训练

（三）演示法

演示教学法古已有之,甚至在教育产生初期,人类祖先主要是通过演示来传递生产生活经验,引导下一代掌握必要的生存技能的。在今天,演示教学法仍然有着广泛的用途,它不仅存在于物理、化学、体育等学科,而且也在其他学科中越来越多地得到运用。演示教学法蕴含的理念也正越来越多地影响着学校课程的改革和教学的变革。

1. 基本步骤

演示教学法操作步骤,大体可按以下环节进行:

第一步,提出问题。在这个环节,教师要注意营造一定的演示氛围,引发学生的学习动机,同时提出演示的主题,向学生介绍演示主题的重要性,让学生进入到参与演示教学的状态。

第二步,说明目标。在这个环节,教师要说明演示要达到的目标,讲解演示中涉及的相关知识,布置在观察时要注意的事项,让学生在观察演示前对演示主题有一基本认识,以便在观察时能把握重点,有所依循。

第三步,进行演示。在说明演示概况的基础上,进行操作演示,完成演示的整个程序,使学生对演示主题有整体性认识。如果有必要的话,可以进行第二次或第三次演示,将演示技能分成几个组成部分,逐一分解并作详细演示。

第四步,练习强化。在这个环节,教师可以提出问题,让学生围绕演示主题作进一步思考,也可以让学生自己动手操作,按照教师演示的步骤进行练习,通过这一环节的教学,使演示教学的效果得到进一步强化。

2. 应用须知

(1) 准备阶段注意事项。对演示教学来说,实施前的准备至关重要。准备充分,演示进程得心应手,否则就会因种种意外而失败。在演示前,教师应注意:

制订详尽的演示计划。计划的内容包括演示的方式和内容、演示的基本步骤、演示场地的选择、准备的相关材料、设备的检查以及预先演练等。演示的用具以及材料要按使用步骤事先排列好,使整个演示格局清楚无误。

仔细考虑演示时教师与学生的位置。演示教学的基本要求是:每一步骤必须让课堂上的每个学生都看得清清楚楚。教师在演示时需站在适当的位置。因此教师须事先安排好学生的座位,确保他们能清楚地看到演示全过程。

演示前解说清楚。在正式演示前,教师要清楚说明演示的目的、使用的器具等,使学生熟悉各种仪器、工具,并且使他们能集中注意演示的步骤,引发参与的兴趣。

(2) 实施阶段注意事项。演示实施阶段对学生掌握相关技能和程序来说是最为重要的部分。通过演示,学生能了解技能的操作、明白操作的基本要领。在这个环节,教师需要注意:

吸引学生注意。在演示前,教师首先要确定学生是否注意力集中,如有必要,可以以有趣的问题、幽默的问话或出乎意外的事件等吸引他们的注意力。在吸引学生注意力后,教师必须注意他们的注意力还有可能在后续的演示中分散。如果教师在某一个环节处理或操作不当,学生也会将其注意力投向其他方面。例如,教师在操作上的一些小的失误,现场乱找东西等,都会分散学生注意力。学生年龄越小,这种可能性就越大。因此,在演示中,教师要设想好所有细节,注意自己每一个细微动作。最好事先将演示流程列出,使学生能随流程操作。

注意演示步骤。在每一步开始前,都应说明你要做的事情,然后再依步骤一边示范,一边讲解。每次演示只能有一个活动、一种方法,不宜同时做几种动作,兼顾几种不同技能,待学生完全理解掌握一种动作或技能后,再进行下一步演示。在演示中,动作要尽可能缓慢,让学生仔细观察并理解每一动作环节。

演示讲解简洁、明确。教师在演示时,常需要同时做必要的说明。例如,教师要叙述掌握的要点、操作过程中容易出现的错误或难于完成的技能、可能出现的危险等。这些都需要交代清楚,使学生明白正误。在演示中,教师要注意用语言将每一步骤表达出来。如果你不用语言表达出操作的过程,学生从你的演示中能学到的知识就会很少。教师在演示和讲解中,也须注意演示应该具有一定的连续性,教师边演示边讲解。学生也有可能因注意聆听而干扰观察,因此,教师可以在演示进行一个段落后,稍停下来解释,或者先演示一遍,第二遍演示时附加说明。偶尔也可询问学生下一步要如何做,或问学生为什么要这样做,以提醒学生需注意的重点及启发学生思考。

（3）演示后注意事项。在演示程序结束后,为了巩固学生的学习,教师应进行相关的跟进工作,如提问、复习重复演示的各部分,检查学生是否明白你的演示;让学生自己提出疑问;针对演示的要点进行总结,增进学生对相关技能等的了解,如果演示动作很繁琐,总结部分更为重要,其中包括帮助学生总结其中各部分,并提议注意各部分之间的联系。

训练提示

1. 按照讲述法的要求编写讲课稿,以所在班级同学作为听讲对象,讲述后听取他们的改进建议。

2. 设计一项练习,并按照练习教学法的要求在课堂教学中实际应用,教学后对练习应用情况进行反思改进。

3. 选择一个运用演示教学法的案例,对该案例中演示教学法的运用情况进行分析评判,并谈谈假如自己任教这堂课的话,会如何设计和实施演示教学。

三、教与学并重的教学方法

（一）讨论法

讨论教学法，是中小学教学中最为常用的教学方法之一。它是指在教师的组织和引导下，学生通过语言相互交流达到预期教学目标的一种教学法。讨论教学法无论是在表现形式上，还是在师生相互关系上，都与讲述教学法有着很大的差别。在讨论中，学生更多地参与学习过程，对问题进行较为深入的探讨，提出各自不同的观点与见解，而不再是一味地静听与旁观。

1. 基本步骤

（1）确定讨论目标。在组织讨论前，教师要明了讨论预期达到的目标。一般说来，讨论教学要达到的目标可分为两类：一类是学术目标，指让学生通过小组团队的分工合作、相互依赖、相互鼓励、共同完成学习任务，实现学习目标，从而激发个体的学习愿望，并获得对学习乐趣的体验。学术目标的确定要依据学生的学习水平，要与教学任务相适应。

另一类是社交技巧目标。这类目标是为了加强学习过程中学生之间的合作，包括表达沟通和分享的技巧、主动探索的技巧、独立思考与问题解决的技巧等。但在讨论教学中，"教师普遍犯的一个错误就是只重视学术目标而忽视了旨在培养学生之间高效合作的社交技巧目标。"①没有一定的社交技巧，小组活动同样无法顺利开展。在明确提出小组学习的任务和目标的同时，教师还需要向学生解释小组活动的成功标准。对于一个班级来说，确立一个成功的标准是十分重要的，这样可以使小组合作成为可能，学生也可以更容易地理解小组任务与目标的含义。

（2）选择讨论内容。一般说来，讨论内容选取的原则是着眼于学生的生活基础，以挑战学生的智慧、引导学生积极探索、激发学生学习的欲望为目的。具体到实践层面，下面的内容比较适合使用讨论教学法：

某些方法、结果容易出现意见分歧的内容。意见的分歧往往容易引起争论，在争论的过程中学生能逐渐自悟个中道理，从而体现合作学习的价值。

方法不确定、答案不唯一的开放性内容。一些开放性、探索性的问题，可用多种策略解决，可很好地激发学生探究思维，让学生独立思考之后再进行充分的合作交流，可以改善学习效果。

个人无法完成的复杂内容。有些操作性强、需要同伴的帮助才能完成的活

---

① ［美］约翰逊（D. W. Johnson）等著，刘春红等编译：《合作性学习的原理与技巧》，机械工业出版社2002年版，第85页。

动内容,适合通过小组合作进行。①

(3) 根据需要合理分组。讨论教学离不开学生之间的相互合作,科学合理地分组是有效进行讨论教学的重要条件。

不同类型的讨论教学对于小组人数的要求是不一样的。小组的组建既要考虑学生自身交往能力的强弱,也要考虑学习任务的难易程度。对于那些还没有丰富经验的教师,建议从二人配对或四人相邻讨论开始,循序渐进,在取得经验之后再深化发展;对于那些进行大班化教学的教师,也可以考虑将 7~8 名学生分为一组。不过,西方一些学者的研究表明:"3 或 4 人的小组比大组有更大的效应值。"②美国有学者曾经随机抽取了 3~4 年级(小学)的 36 个班级进行了一项为期六周的实验研究,结果表明在互动上,二人组明显高于四人组,差生在这方面表现尤为突出;在谈话和相互影响两个特质上,二人组的得分也显著优于四人组,但四人组能够产生更多的认知冲突。③

教师在对学生进行分组时,应该考虑以下几个问题:一是应该把学生按照能力相近还是按照能力相差较大来分组;二是应该让学生自己选择合作伙伴还是由教师安排;三是小组活动应该持续多长时间;四是学生对分组有何意见;五是所选择的分组方式能否实现学习目的和任务,等等。在考虑好这些问题后,教师就可以着手进行分组了。

(4) 明确讨论形式。在确定了目标和内容的基础上,教师应该考虑用何种方式组织讨论。在教学过程中,教师可以尝试利用开放式、半开放式和集中式三种途径来组织教学内容。④

开放式由基本式和变式组成。基本式:全班不设统一讨论主题,小组讨论题目由学生提出,学生自愿组成讨论小组,各小组讨论的主题互不重复。这类组织方式的特点是,各组讨论题目完全由学生根据兴趣爱好自主选择决定,选题领域不受限制,对于学生兴趣与特长的发展比较适合;小组讨论题目互不重复,其成果丰富多样,经展示交流,将拓宽同学的视野;选题领域广泛,学生同社会的联系面比较宽。

变式:与基本式的不同点就在于,每一个讨论题目至少有两个小组各自独立地开展。变式基本保持了基本式的优点,同时又便于形成"组间竞争、组内合作"的良性机制。

① 陈清容:《为数学合作学习选准内容》,《人民教育》2004 年第 5 期。

② [美]玛扎诺(Robert J. Marzano)等著,张新立译:《有效课堂》,中国轻工业出版社 2003 年版,第 108 页。

③ 高向斌:《美国一项合作学习实验研究评介》,《外国中小学教育》2001 年第 1 期。

④ 张文周:《小组合作——研究性学习的基本组织形式》,http://www.being.org.cn/inquiry/hezuo.htm。

半开放式也可以分为基本式与变式。基本式:全班确定一个共同的内涵丰富的讨论主题,然后由学生提出一个在该主题范畴下自己感兴趣的题目,将这些题目交全班讨论予以调整(如合并相近题目,删减不适当的题目等),确定一批可供讨论的题目。由兴趣相近的学生自愿组成学习小组,开展讨论,各小组讨论的主题相同但具体题目互不相同。半开放式的特点是,学生必须在统一的主题范围内,自主选择讨论题目。设定统一主题有利于引导学生关注当今同人类生活密切相关的领域,引导他们研究、探索科学与社会发展的热点问题。

变式:与基本式的区别就在于小组讨论的题目可以重复,每个题目都有两个或两个以上的小组独立开展讨论,易于达到"组内合作、组间竞争"的效果。

集中式只有基本式一种方式,即由教师或师生共同交流,最后确定一个引起广泛兴趣的讨论题目,作为唯一的讨论题目,各学习小组独立开展讨论。

这种组织方式讨论题目集中,但各小组讨论的视角、方法、过程及至结果各不相同,差异性大,所以学习活动仍然具有开放性特点。但是"组间竞争"可能比较激烈,相应地引发组内学习伙伴间较强烈的合作动机;在小组讨论的基础上可以组织全班就同一问题开展讨论与交流。这种组织方式不仅适用于综合性活动型研究性学习,而且适用于学科教学。

(5)组织实施讨论。在传统的课堂教学中,学生的座位一律是"秧田式"的排列,这种学习环境与讨论教学的要求在一定程度上是相背离的。在讨论教学中,"课堂被拆分开来,是以学生为中心的,也就是说学生的活动经常按照成对或小组的形式组织起来,学生的同伴关系和任务小组成了教师注意力的核心"。①

讨论环境的创设更多的是体现在学生座位位置的改变上。一般而言,二人配对、四人相邻讨论,对空间场地的变化要求不是很高,较容易实现,如四人一组的空间结构可以设计为"田字格"型,如五人或七人一组的空间结构可以设计成"T"型,六人一组的空间结构可以设计为"马蹄"型或"U"型,八人分组可以采用双人双排课桌前后相邻,等等。

无论采取什么样的分组方法,不管如何排放学生的座位,教师需要注意的问题是:座位空间的安排要能够使教师很容易地靠近每一个小组,方便教师对讨论进行及时的指导与监控;要使小组成员能够围成一圈并且相互靠近,从而使他们能够相互有效地交流而又不至于打扰其他小组,不必为了参加小组的活动而不停地跑动。

(6)进行概括总结。由于在讨论中,学生的认识和看法常难以统一,得出的结论有时也并不见得正确,或者学生的见解需要进一步扩展。所以,在学生讨论

---

① [美]丹尔斯(H. Daniels)等著,余艳译:《最佳课堂教学案例》,中国轻工业出版社 2004 年版,第77 页。

之后,一般要伴随教师引导下的概括总结环节。在概括总结中,教师要将学生的不同认识加以罗列并进行有针对性地分析,要将学生的视角或思维引向深入,要根据讨论中出现的不同情况加以评点。有了这一环节,学生才能对问题形成较为清晰的认识,在凌乱的思绪中逐渐理出头绪。当然,这个环节,教师也可以引导学生来完成,并不一定完全由自己来讲解。

2. 应用须知

教师在教学过程中需要谨慎地运用讨论教学法,切忌随便寻找一两个题目就给学生讨论。需要注意以下几点:

(1)考虑学生的能力水平。学生的认知能力、聆听能力、口语表达能力、人际沟通能力、与他人合作的意愿和能力等,都是讨论能够顺利进行并取得成功的基本要素。这些要素的培养不是一朝一夕形成的,学生年龄小或已习惯于听讲的话,就需要加以注意,他们可能并不能真正参与到讨论过程之中。教师应循序渐进,在一开始讨论时教师要多些主导和指引,讨论的人数可以较少,讨论的任务范围可以相对较窄,问题的取向可以较为接近生活事实,一段时间后,学生的讨论能力提高了,再进一步增加讨论的难度。

(2)注重与其他教学活动配合。在实际教学中,教师时常会感到讨论花费时间过多,是较为奢侈的教学方法。事实上,如果在教学始终,教师单一地使用讨论教学法,把讨论作为教学中唯一的活动时,的确会存在这一问题。但是,如果教师把讨论看作教学整体的一个组成部分,辅之以其他教学方法,视情况将其置于教学的不同阶段,达到的效果会较好,也就不会再被视为奢侈品了。

(3)要做好充分准备。对于讨论的问题,教师要做精心的准备,一方面是题目要设计好,另一方面自身也要对与题目相关的材料作精深的了解,以便应对来自于课堂上的种种不测。此外,教师要在讨论的组织上有较为充分的设计,对分组的原则、分组的方式、教师引导的方式等做相应的准备。

(4)注意从生活世界中寻找讨论题目。选择讨论的题目除了与教学目标相适应之外,还要注意它的生活性和趣味性。来自于学生生活世界的题目,一般更能激发学生兴趣,引发学生参与讨论的愿望,使讨论不至于流于形式。

(5)注意控制时间。讨论的时间通常会因学生的踊跃参与或参与不足而与原有设计出现比较大的差异,因此教师在讨论过程中,要注意把握现场情景,调控讨论的全过程。这样做不只是由于教学时间有限,而且也可借此培养学生进行时间管理的能力,让他们明了在完成相关任务时,需要时间观念和对时间的掌控。

(6)注意调控讨论进程。在讨论过程中,教师不能放弃自己的指导作用,比如在讨论中,有的学生发言离题太远,教师必须唤起他们的注意,重复解释所讨论的主题;如有学生意见不同而发生争执,教师则需为他们调解,使大家和平友好地交换意见;如有学生垄断讨论,说话时间太长,或说话次数过多,以致剥夺了别人发言的机会,教师则需婉言劝阻,使大家发言的机会相对均等;如有学生畏缩不前,不愿在讨论中发言,教师亦须劝告,鼓励其发言;如有学生说话词不达意,教师也要帮助他表达清楚;如有学生提出疑问,教师可作简要的回答,但最好是提示线索,促使学生深入思考。

(7) 注意归纳总结。一般来说,在中小学的讨论中,教师最后环节通常都需要加以归纳和总结。这样可以梳理出讨论中的基本知识点和主要观点,提炼讨论的精华,纠正学生讨论中出现的不当看法,对讨论中学生参与的情况进行评析。在实施讨论教学法时,这一环节常为教师忽视,其实它在讨论过程中扮演的角色非常重要。

(二) 角色扮演法

"角色"原是戏剧中的名词,是指演员扮演的剧中人物。它被引入教学活动中,其方法称之为角色扮演教学法。角色扮演教学法是指学生在教师指导下根据教材内容中的人物要求扮演相应角色,通过角色扮演活动加强对教材内容理解和掌握的教学法。在实际教学中,角色扮演常通过课本剧等形式表现出来。这种教学法,随着课程改革的不断推进,正越来越多地运用于中小学日常教学之中。

1. 基本步骤

角色扮演的步骤,可参照表 2-1 中的模式进行:[①]

表 2-1　角色扮演的一般模式

结　构　序　列	
第一步:使小组活跃起来	确定或引出问题 使问题明确、具体 解释问题所表现出的故事,探讨故事中的冲突 说明所要扮演的角色
第二步:挑选参与者	分析角色 挑选角色扮演者
第三步:布置舞台	划定表演的行动路线 再次说明所要扮演的角色 深入到问题的情境中去
第四步:观察者的准备	说明要注意些什么 指明观察任务

---

① ［美］乔伊斯(B. Joyce)等著,丁证霖等译:《当代西方教学模式》,山西教育出版社 1991 年版,第332 页。

结　构　序　列	
第五步:表演	
第六步:讨论与评价	回顾角色扮演的过程 讨论扮演中存在的问题及所揭示的问题 设计下次表演
第七步:再次表演	扮演修正过的角色 提出以后的行动步骤
第八步:讨论与评价	同第六步
第九步:共享经验与概括	把问题情境与现实经验和现行问题联系起来探索行为的一般原则

2. 应用须知

应用角色扮演教学法时,应注意以下事项:

每次演出时间不宜太长,要尽可能做到简洁有效,在学生初学演出时尤其如此;每次演出要注意引导角色扮演者按剧情产生情绪变化、调整角色中的人际关系;讨论交流角色扮演体会时,教师要仔细聆听,注意接纳不同意见;努力营造轻松、自由的气氛,让角色扮演者有安全感,不致让他们因为角色扮演而被人嘲笑;教师热情的支持和诚意的关怀可以使学生更愉快和自愿地参与演出;教师要明确角色扮演的目标,同时也要让学生清楚演出要达到的目标;在讨论、反思和总结阶段,要注意从多个不同角度和侧面进行分析探讨;既要鼓励学生发挥主观能动性,有自己的创意,同时也要及时提醒学生不要无的放矢;如有必要的话,教师需要在学生扮演前进行相关的示范;不宜强迫不愿意参加演出的学生扮演角色;如果学生能力允许的话,整个角色扮演活动可以让学生全权负责,教师只担任顾问的角色。

(三) 问题教学法

问题教学法历史悠久,在我国古代的孔子以及古希腊的苏格拉底那里,就有其存在痕迹。在今天的教学中运用的范围也非常广泛,凡是以问题为核心组织的教学活动,大体都可以归于问题教学法的范畴。它是启发式教学的具体形式,在激发学生学习兴趣、调动学生参与学习积极性方面具有重要价值。

1. 基本步骤

（1）学生自学或教师讲授。在正式进行问答之前要具备一个问答的前提，即学生应该具备了一定的知识(这是提出问题和回答问题的知识)，如果没有这些知识，那么问答型问题教学是无法有效进行的。这些知识通过什么途径来具备呢？可以通过学生的自学，也可以通过教师的讲授。在这两种途径中，以学生自学较多。

（2）创设问题情境。问题情境是指学生在问题教学中所面临的一种"有目的但不知如何达到"的心理困境。问题情境就是一种心理状态，一种当学生接触到学习内容与其原有认知水平不和谐、不平衡时，学生对疑难问题急需通达解决的心理状态。问题情境作为一种心理困境，它包括：当前学习任务中的新的未知东西、学生探究新知的动机和学生解决当前任务的潜在可能性等成分。问题情境与问题不同，问题指的是个人不能理解的事物与确定的客观世界的矛盾。问题与问题情境是两个不同的概念，但又有联系。问题情境的产生必须依赖于问题。没有了问题，学生也就不会产生心理困境。创设问题情境是问答型问题教学的一个重要环节。

（3）提出问题。这是在学生具备有关的知识因而具备回答问题的潜在可能性的基础之上，提出要思考和回答的问题。可以由教师提出问题，也可以由学生提出问题，其中以教师向学生提出问题为较多见。

（4）回答问题。这是在提出问题之后，被提问者回答所提出的问题。可以是教师提出问题之后，学生回答问题；也可以是学生提出问题之后，教师回答学生的问题；还可以是学生提出问题之后，其他学生回答(即学生之间相互问答)。其中，以教师提出问题学生回答的情况居多。

（5）总结。这是在教师或学生回答问题之后，尤其是学生回答教师提出的问题之后，教师对学生的回答作出反应，并进行处理、归纳、小结的过程。

2. 应用须知

应用问题教学法进行教学时，应注意以下事项：

（1）根据教学实际情况，选择得当的提问方式。一般说来，在问题教学法中，教师提问的方式大体有以下四种：

一是限答式提问，该提问通常就事实提问，用于回忆、复述或下定义，以获取关于某一事件的大概轮廓、时间顺序、详细情节和具体事实。

二是非限答式提问，该提问允许提问对象不受问题性质的约束。不求固定模式的确定答案，可以自由发挥阐释，或要求预测，或要求推断，或要求扩展，或要求区分，是拓宽教学的主要媒介。

三是诱导性提问，该提问用于引导提问对象沿着提问者所设计的思路来发展思维。在课堂上，学生回答限答式问题时偏离了限定的事实，教师可用诱导性提问,引导学生从想象回到现实,从主观回到客观,在教学中充分发挥组织和展示功能。

四是反思性提问,该提问激发学生结合个人经验,来解释或总结自己的感觉、态度、立场和观点,通过事件与学生的个人经历相联系,发展学生的道德观和价值观。[①]

显然,在这四类提问中,非限答式提问与反思性提问更能激发学生的参与,因为这两类提问留给学生的思考空间更为宽广一些。

(2)问题要面向全体学生。总体来说,对低年级学生而言,低难度问题有效;对高年级学生而言,高认知水平问题更有效。在课堂教学过程中,教师在提问时,应该考虑到所有学生的认知水平,根据学生的层次差异,可以用不同的方式来表达同一问题。

(3)问题要清晰、明了。对于那些含糊不清的、笼统的、过于抽象的问题,学生理解起来就显得比较困难。为了保证问题的清晰性,教师在提问时,一次至多提两三个问题,且这些问题是相关的;切忌一次提出多个问题,或问题之间缺乏内在的一致性与连贯性。

(4)问题能引起学生的学习兴趣。所提出的问题,要对学生有一定吸引力,从而能激励他们去主动探索。这些问题可以是实际问题,是基于现实生活中的问题,从而能够与学生的个人生活经验密切相关;也可以是理论问题,是基于学生已有的学习概念提出的具有一定智慧挑战性的问题。

(5)问题能促使学生进行合作学习。假如教师提出的问题,是单个学生在很短时间就能找到答案的,问题教学也就很难真正展开。在教学中,教师要设计那些能使学生在相互合作中共同建构知识的问题,这样的问题才能引导问题教学走向深入。

(6)提问的频率要适当。在教学中,究竟是采取高频率还是低频率的提问策略,最终取决于问题的类型以及教学现场的实际情况。如果是师生对话,教师提问的次数可以考虑多一些;如果是生生对话,教师提问的次数可以考虑少一些,否则可能扰乱学生的思维,影响他们参与的积极性。

(7)要及时发现教学中存在的新问题。在问题教学中,学生可能并没有寻找到教师预设的答案,可能会出现一些对问题的新理解,也可能因学习准备不足并没有真正投入到问题的探讨之中,教师要对教学中可能出现的不同情形进行预想,并思考不同情况出现后的对策。在实际教学中,也要做好随机应变的心理准备。

---

① 穆凤良:《课堂对话和提问策略》,《教育理论与实践》2000 年第 11 期。

1. 将全班同学分成若干个学习小组,以小组为单位组织讨论教学,每位同学轮流承担教师角色,按讨论教学法要求组织一次教学。

2. 选择一则运用角色扮演法的教学案例,对该案例中角色扮演的合理运用情况进行分析,提出自己以后在运用类似教学法时的注意事项。

3. 选择一教学材料进行问题教学设计,并实际运用于教学,注意把握教学实施中存在的问题及解决方法。

四、以学生学习为主的教学方法

以学生学习为主的教学方法,涉及自主学习、合作学习、探究学习等。上面所分析的讨论法的相关要求一定程度上适用于合作学习。因而,这里着重分析的是自主学习与探究学习的操作步骤和应用要求。

(一)自主学习

自主学习是一种与他主学习相对立的学习方式,是指学生自己主宰自己的学习方式。它包括三个方面:一是对自己学习活动的事先计划和安排,二是对自己实际学习活动的监察、评价、反馈,三是对自己的学习活动进行调节、修正和控制。[①] 20 世纪末以来,自主学习受到越来越多的关注。2001 年 6 月教育部颁布的《基础教育课程改革纲要(试行)》(下文简称《纲要》),多处涉及自主学习的问题,如"改变课程实施过于强调接受学习……倡导学生主动参与、乐于探究、勤于动手……以及交流与合作的能力","教师在教学过程中应与学生积极互动、共同发展,要处理好传授知识与培养能力的关系,注重培养学生的独立性和自主性,引导学生质疑、调查、探究,在实践中学习,促进学生在教师指导下主动地、富有个性地学习。教师应尊重学生的人格,关注个体差异,满足不同学生的学习需要,创设能引导学生主动参与的教育环境,激发学生的学习积极性,培养学生掌握和运用知识的态度和能力,使每个学生都能得到充分的发展"。这些论述,都反映出自主学习与新课程改革密切关联,反映出作为教师掌握自主学习教学方法的重要意义。

1. 基本步骤

自主学习与其他一些教学方法不同,它是以学生自主、主动、独立为特征的,因而并不见得有单一的操作方式与运行步骤。在一定程度上,具备了自主学习

---

① 董奇、周勇:《论学生学习的自我监控》,《北京师范大学学报》(社会科学版)1994 年第 4 期。

的相关特征的教学,都可以称之为自主学习,这样的学习难以用固定的步骤来限定。

美国心理学家罗杰斯在将非指导性教学运用在教学中的时候,曾将其分为五个阶段:

第一阶段,确定辅助情境阶段。教师鼓励学生自由表达自己的思想、情绪。咨询教师事先要组织好若干话语,以限定学生表达情感的范围,明确交谈中对共同关注的问题取得一致意见的目标。这一阶段一般在师生交谈中进行。

第二阶段,探索问题阶段。在此阶段,教师要在鼓励学生表达消极和积极的情感的基础上,澄清和明辨学生的情感。

第三阶段,发展学生洞察力阶段。由学生发表自己对问题的看法,教师启发学生从多角度观察、分析问题,使学生观察、分析问题的能力有所发展。

第四阶段,规划和决策阶段。学生对有关问题作出计划和决策。教师在此阶段要引导学生作出与自己的期望相一致的决策,并引导学生开始积极的行动。

第五阶段,整合阶段。学生汇报他采取的行动,进一步获得分析和解决问题的能力,并且规划日益完善的积极的行动。

这五个阶段转化为班级制课堂教学行为,可分为以下几个步骤:认真组织教材,便于学生自学;提出真实、现实的问题,激发学生的学习动机;提供可选择的各种学习条件、情境和目标;允许学生自己确立各种学习目标、计划和内容;分组教学,学生共同学习,互相帮助,互相学习;让学生自我评价自己的学习成果。

2. 应用须知

应用自主学习教学法时,须注意以下事项:

(1) 创设良好的课堂环境。创设良好的环境,是促进学生自主学习的第一步,也是关键的一步。大量已有的研究认为,积极的课堂环境能激发并促进学生的自主学习。教师,作为学生自主学习的指导者和帮助者,理应承担起创设积极课堂教学环境的责任。

自主学习的外在环境主要包括校园的布局、温度、清洁、绿化,课堂的光照、座位安排,以及学生自主学习时需要的学习材料、辅助设备等。一种好的外在环境,应该能让学生感受到身心舒适,让他们很快地调整到最佳的状态;好的外在环境也应该摒除许多干扰因素,让学生能够在其中心无旁骛地进行学习。

(2) 提供合适的学习材料。自主学习的材料主要包括:教材、学习辅助材料,等等。其中,教材是学生学习的重要根据,在学习中占有重要的地位;在自主学习中,它更具有重中之重的地位,是学生最主要的学习资源之一。可以说,教材适合与否,将会在很大程度上影响学生自主学习的进程和效果。

(3) 营造良好的课堂心理氛围。营造良好的课堂心理氛围,可从以下三

新编教学工作技能训练

方面入手:第一,培养学生的情绪安全感。很多时候,学生在课堂上会因为害怕犯错而感觉到焦虑,他们缺乏足够的安全感;对于那些学习不良的学生来说,情况更是如此。要改变这种状态,教师必须为课堂中的学生提供"安全感",端正他们对"犯错"的态度:为了更好地学习,有些错误是必须犯的。鼓励学生在课堂中勇于挑战自我。在此,教师可以首先亲身示范,并对学生的"新鲜"做法采取鼓励和赞赏的态度,逐步建立起使学生在心理上感到"安全"的课堂氛围。

第二,建立融洽、平等的课堂人际关系。首先,学生是具有自由意志、独特需要和能力的个体,教师应当尊重学生的需要,学会用平等的态度对待学生;其次,在课堂中应强调师生、学生之间的合作,而不是激烈的相互竞争;最后,教师除了关心学生的课堂生活,还应关心并了解学生的课外生活和校外生活,从更多方面了解学生,建立师生之间融洽的关系。

第三,让学生体验成功。内在于学生心中的学习动机,是学习的最大推动力。其中,学生的自我效能感、归因和期望目标这三者对学生的自主学习动机产生尤其重要的影响。因此,在自主学习课堂中,激发学生的学习动机也就成为教师的重要任务之一。具体来说,形成学生正确而适宜的自我效能感、归因和期望目标,将有利于激发学生的学习动机。让学生更多地体验成功,可以有效地提高学生的自我效能感,从而推动其进行自主学习。

(4)采取多种指导方式。在不同的学习情境中,教师要采取不同的指导方式。首先是要对不同的年龄阶段采用不同的指导方式。例如,小学高年级阶段的自主学习中,教师更主要的是进行教学,为学生打好扎实的基础,只在少量适当的情境中,学生才进行自主学习;而在中学阶段,教师可以更多地采取引导的方式,即"导学";在学生的自主学习能力发展到一定水平后,教师就可以放手让学生"自学",而自己则充当指导者的角色。其次是教师在课堂中不仅要指导学生进行个别学习,还要指导他们进行集体学习。除了针对学生的不同能力进行个别指导,教师也可以安排小组讨论、合作学习等方式,指导学生进行集体学习,使学生能够学会如何与他人相处,如何向他人求助,并吸取他人良好的学习策略,从而提高学生自主学习的能力。

(5)鼓励学生参与课堂管理。一些教师往往会认为,学生是未成年人,还没有管理自己的能力;因此在传统课堂中,管理的缰绳往往被教师牢牢掌控着。这种做法一方面让教师明确了自己的权利,在管理学生中显得更有自信和权威;另一方面也保证了真正用在教学上的时间。然而,在提倡自主学习的课堂教学中,课堂教学的基本方式已经得到改变,不再以教师的"讲"为中心,而是以学生自主的"学"为中心。因此,课堂管理的方式应产生一定改变,需要让学生参与管理课堂。

（二）探究学习

探究学习是近十年来中小学极为关注的一种教学法。无论是创新人才的培养，还是新课程的推进，都将注意的焦点集中在探究上，这也使得探究学习成为课堂教学改革中的一个重要方面，许多教师也开始关注并在实际中尝试运用这种教学方法。探究学习作为一种独到的教学方法，具有如下特点：

（1）学生学习主动，能有兴趣、有信心、有责任感地探索和解决问题。探究学习法强调学生自主活动，由学生自己设计并控制学习的整个过程，这充分体现了对他们思想观点的尊重和鼓励，因此，他们能够自然而然地以主人的身份投入到教育活动中。关心周围世界中的问题，积极主动地参与解决各种实际问题、优化社会环境的实践活动，亲身体验自己对自然和社会的责任。

（2）学生通过亲身实践获得知识和技能，学习效率高。探究学习法和发现学习相似，是把学生视为"小科学家"，即让他们通过一系列的科学探索活动去发现科学结论，而不是将现成的结论直接告诉学生。在这样的学习过程中，学生不是通过老师的讲解或完全靠书本上的间接经验来获取知识，而是通过自己的实践活动和搜集到的第一手资料来认识问题，体验各种各样解决问题的疑难情境。这些从实践中获得的知识，学生更容易理解和记忆，并更容易被应用到实践当中。因此，除了能使学生获得"活"的知识外，探究学习法也是一个使学生运用、发展多种技能的有效途径。

（3）教室从封闭走向开放，实现课内外和校内外的联合。探究学习法是一种开放性、参与式的教学形式，它不局限于在一间教室或一所学校，也不局限于一门课或几本书。为了探索有关环境的问题，学生必须走出课堂，走出校园，融入到自然和社会中，用自己的眼睛去认识自然、了解社会，认识到他们的态度、行为和决定能够对现在和未来的世界发展产生影响。这一过程不但可以开阔学生的视野，加深他们对问题的理解，而且有助于陶冶他们的情操，澄清他们的价值观。探究学习法不是以学生经过调查得出一两个结论而终结，它要求学生把自己所得出的结论运用到现实的社会活动中，强调让学生参加各种各样实际活动。这不仅有助于学生把理论和实践联系起来，而且对社会实际问题的认识和解决也有直接的帮助。①

1. 基本步骤

探究学习的步骤因不同的探究任务和学科会有所不同，表 2 - 2 是围绕环境问题组织进行探究学习时的基本步骤，一定程度上可以起到"典型引路"的作用。

---

① 高凌飙、张春燕：《探究性学习的特点——一个国外案例的分析》，《课程·教材·教法》2002 年第 5 期。

新编教学工作技能训练

表 2－2 探究学习的操作环节与具体内容

步骤	内　容	需解决的问题	活　动　形　式
明确问题	辨别并界定问题,这应包括下列活动: ——产生兴趣 ——构建现有知识 ——结合过去的经验 ——确定几个可能的调查方面	我们要解决什么问题? 为什么我们要探讨它? 我们对问题已经有了哪些了解?	设置情境,引导学生关注有关的主题,如实地考察,讨论一个价值悖论,考虑一个具有挑战性的问题;案例分析,利用地图、照片、广告、漫画,做游戏或进行角色扮演
确定探究方向	形成预测或假设,包括: ——广泛搜集有关问题 ——辨别并提炼出主要问题 ——选取中心问题	我们能做什么样的预测或假设? 我们怎样解释它? 我们应以什么为中心展开探究?	运用"头脑风暴"等研讨形式提出可能的预测或假说,确定调查的方向
组织探究	设计、制订探究方案确定人员分工,准备探究工具	我们打算怎样进行调查? 我们需要哪些信息? 我们怎样获得这些信息? 怎样分工才能最大限度发挥人力、物力的作用?	取得一致意见 制订计划,化分小组 制订小组行动方案 明确个人的任务 分析所需的资源 制订时间表
搜集资料	通过各种途径、形式搜集数据资料(搜集资料不仅是目的、而更是了解事物的手段)	我们能用谁的、哪儿的、什么样的信息? 这些信息与研究问题有什么联系? 对研究问题有多大的作用? 这些信息反映了什么人的观点? 我们怎样从中发现别的信息? 我们将以何种形式使用这些数据?	参观和实地考察 调查和采访 进行实验 查阅文献 观看影视录像 个案追踪分析

步骤	内　容	需解决的问题	活　动　形　式
整理资料	数据资料的筛选、归类、统计、分析、比较。包括： 　——组织和提供数据 　——通过分类形成或修正概念 　——比较和对照结果 　——讨论问题和假设 　——评估	我们怎么样对获得的信息进行分类？ 　这些信息中哪些是有用,哪些是无用的？ 　我们应根据什么标准对信息进行筛选和分类？ 　我们能发现什么联系？得出什么结论？ 　这些结论对我们的观点有什么影响？	制作和解译图表 　小组讨论 　价值观的分类 　指出偏见 　评价信息来源的有效性 　使用计算机模拟和数据库
得出结论	要求学生表达自己在探究过程中形成的见解,并且和别人进行交流,这包括： 　——解释获得的信息 　——形成并修正判断 　——证实、抛弃或改变假说与预测 （如果结论与预测不吻合,应重新确定探究的方向,拟订方案,组织探究）	我们得出了什么结论？ 　这些结论与我们的预测或假说有哪些异同点？ 　哪些证据证明了我们的结论？	做一个模型或壁画 　进行一次角色扮演 　完成一份报告或一次谈话 　编写一个故事或戏剧小品 　做一个录像或录音带 　举行一次辩论 　做总结发言 　组织一个展览
考虑社会活动	要求学生根据调查结论积极参与有关问题的社会决策 　在条件适宜的情境下运用自己调查的结论,采取相应的社会行动	关于这个问题我们能做什么？我们怎样做才能对课堂上的、学校里的,乃至社区中的决策有所贡献？ 　我们怎么样才能使其他人了解我们的行动？ 　我们怎样才能有助于或影响社区和社会决策？ 　对于这个问题应该做什么？	与家长签定"绿色公约" 　组织社区的宣传活动 　参与市级政府部门的绿色行动

2. 应用须知

探究学习的应用范围已随着新课程改革的推进而越来越大,在应用中,教师应注意以下几方面问题:

（1）面向全体学生,并关注个别差异。并非只有好学生才有能力开展探究,应该给每一个学生参与探究的机会。尤其是那些在班级或小组中较少发言的学生,应给予他们特别的关照和积极的鼓励,使他们有机会、有信心参与到探究中来。对于某些有特殊学习困难的学生和那些有特殊才能的学生,要考虑利用其他时机(如课外兴趣活动中)给予他们一些专门适合他们水平和需要的探究任务。

（2）注重为学生提供相关的支持条件。探究教学往往需要较多的时间,需要小班教学,需要充足的材料,等等。在一个学生数太多的班级中,如果又没有充足的必需材料,在较短的时间内组织学生开展探究是比较困难的。即使激起了探究活动,也难于展开和深入。当然,并非所有的探究活动都需要强大的经费支持和人员配备,但探究时间的保证(从而保证学生思考的充分展开和深入)、一定的师生比(从而保证学生充分表达、师生充分交流的机会)等还是必需的。

（3）探究问题的设计应注意联系社会实际生活。要注意了解学生关注和感兴趣的问题是什么。探究学习首先就要关注这些真正来自学生和属于学生的问题,联系学生生活和社会实际。例如,在设计小学科学课程时,首先应对6至12岁的儿童分别感兴趣的问题进行调查统计和分析,以此作为设计课程时选择探究主题和安排主题顺序的基础之一;每学期都应留出一些"自由探究时间",供学生探究他们自主提出的问题;日常的课程设计应该根据儿童的即时兴趣做出适当的、及时的调整。

（4）注重发挥教师自身的指导作用。探究学习强调学生的自主性,但并不忽视教师的指导。问题是,教师如何指导学生的探究,即:探究的进度能否由教师预先确定或设计;是否应该先给学生一段时间让他们自主地开展非指导性的探究;探究过程中学生自主活动的重点是什么,教师重点指导探究的哪些方面;如何引导,何时介入,介入多少;哪些指导是必要的,怎样指导才算充分;何时需要提供背景资料或有关信息,何时传授相应的准备性知识,何时推荐学生阅读教科书,或向图书馆、互联网、成人求助。在实际教学中,教师常常介入得过早(学生还没有充分地自主探究多长时间),以致阻碍了学生本可以自主发现的机会("差一点我们就要找到答案了!"),有时则介入过晚以致让学生过久地处于无助状态甚至陷入危险之中。

（5）要珍视并正确处理学生已有的个人知识和原始概念,引导学生积极反思。实际上,儿童从诞生的那一刻起,就没有停止过探究。小到身边的衣食住行,大到宇宙、星体的运行,从自然现象到社会生活,他们几乎都有一些自己的看法。尽管这些原始观念有些十分粗浅甚至是错误的,但它们大多都是通过探究而不是想当然地提出的,往往也是有根有据的,建立在学生少量的直接观察和具体经验的基础上。而且它们的确也能够在很大程度上解释儿童所感知到的关于身边世界的许多现象,儿童珍视自己的这些原始知识。这些个人知识对儿童来说也是有价值、有意义的。

（6）要注重分析探究中学生独特的感受、体验和理解。探究活动中,学生会有不同的感受和体验,对问题也会出现不同的理解和看法。这些,都是学生积极投身和亲历探究实践之后所获得的,应该珍视。如在语文学习中,由于每个人的经验阅历、知识积累不同,对一部作品的理解会有不同。一千个读者,就有一千个哈姆雷特。教师对作品的理解往往更深刻、具有更高的水平。因此在探讨中处于一个特殊的地位,扮演特殊的角色。但另一方面,儿童的思维和认知常常更加敏锐、出于自然、更接近真实,且在不受众多背景性信息的干扰的情况下往往具有独特的视角。因此,要"尊重学生在学习过程中的独特体验","要珍视学生独特的感受、体验和理解","对学生独特的感受和体验应加以鼓励"。[1]

（7）要强调学生之间的合作与交流。探究过程中需要学生们合作、解释和各种协调一致的尝试,这些合作与交流的实践和经验,可以帮助儿童学会按照一定规则开展讨论(而不是争吵)的艺术,学会准确地与他人交流:向别人解释自己的想法,倾听别人的想法,善待批评以审视自己的观点、获得更正确的认识,学会相互接纳、赞赏、分享、互助,等等。这种客观开放精神的形成并非易事,要靠长久的教育才能得到。

（8）注意对不同学段的学生提出不同的探究要求。应对不同年级段学生的探究水平提出不同的要求。在这方面,科学探究领域的研究已经比较深入。例如,小学阶段学生的科学探究活动主要是以系统的观察,对常见物体的摆弄、测量为基础,对物体及其属性的检验和定性描述(物体的性质,这些性质随时间的变化,当物质相互作用时所发生的变化),从事分组和分类的活动,思考这些物体之间的共同之处和不同之处。对初中学生的要求有所提高,如学生除了应该学会系统的观察外,还应该能够进行精确测定(定量描述),并会确定和控制变量。学生还应该学会运用计算机查询、检索、搜集、存储、组织、总结、显示并解释数据,并在此基础上预测和构建模型,还应该学会通过批判性和逻辑性思维建立证据和解释之间的关系。同时,学生还应该学习把数学运用在科学探究的各个方面,并认识到不同性质的问题需要进行不同的科学探究。对于高中生,则要求他们阐明问题、方法、对照组、变量的选择与控制(如识别不产生影响的变量、影响

---

[1] 教育部:《全日制义务教育语文课程标准(实验稿)》,北京师范大学出版社 2001 年版,第 2、17、20 页。

新编教学工作技能训练

较小的变量、对结果有负面影响的变量)、实验的误差,要求他们对指导科学探究的概念和理论框架进行思考和说明。高中学生应该具有以下数据分析的能力:确定数据的范围、数据的平均值和众数值、根据数据作图和寻找异常数据。[①]

训练提示

1. 选择一自主学习教学案例,按照自主学习相关要求对该案例进行分析,注重把握自主学习与其他教学方法的联系与区别。

2. 在搜集、整理、分析探究学习材料的基础上,组织进行一次探究学习活动,教学活动的对象可以是本班级其他同学,也可以是初中或高中阶段就读的学生。

思考与练习

1. 教学方法的含义是什么? 有哪些特点?

2. 教学方法有哪些类别?

3. 讲述法的基本步骤和要求有哪些?

4. 练习法的基本步骤和要求有哪些?

5. 演示法的基本步骤和要求有哪些?

6. 讨论法的基本步骤和要求有哪些?

7. 角色扮演法的基本步骤和要求有哪些?

8. 问题教学法的基本步骤和要求有哪些?

9. 自主学习的基本步骤和要求有哪些?

10. 探究学习的基本步骤和要求有哪些?

① 任长松:《探究式学习:18条原则》,《教育理论与实践》2002年第1—2期。

第三章
教学实施技能

本章目标

1. 了解教学实施技能的基本构成。
2. 了解并学会运用教学导入技能的几种方法。
3. 认识板书书写的几种方式,掌握板书、板画的基本技能。
4. 认识教学设计与教学应变的关系,初步掌握教学应变的技巧。
5. 了解教学结果的几种类型,并学会在实际教学中应用。

教学实施技能,是指教师在课堂教学过程中,为完成教学任务、实现教学设计而采取的一系列信息传输、调节控制、反馈强化行为。教学实施技能是课堂教学技能的重要组成部分,它与教学设计、教学方法等技能,构成了教师从事教学活动的基本技能。作为一名合格的教师,既要善于进行教学设计,也要善于进行教学实施。教学实施包含的内容众多,这里着重分析教学导入、板书、应变、结课技能。

一、教学导入技能

常言道:"良好的开端,成功的一半。"开头在许多事情中占有十分重要的地位。在心理学上,有"首因效应";在写作中有"凤头"之说。一出戏要有紧锣密鼓的开场,一堂课要用隽永的导语来扣人心弦、引人入胜。著名特级教师于漪说:"在课堂教学中要培养、激发学生的兴趣,首先应抓住导入新课的环节,一开始就把学生牢牢地吸引住。"好的教学导入,可以使师生迅速进入到课堂角色,可以启发学生的思考,点燃学生智慧的火花,激发学生求知的热情。

按照教学导入凭借方式的不同,我们把教学导入技能分解为知识导入技能、事物导入技能、动作导入技能和情境导入技能等四种基本技能。

(一) 知识导入技能

知识导入技能是指教师借助与教学内容相关的知识引导学生进入学习任务的导入技能。掌握知识导入技能,教师要把握处理好三种关系:一是新旧知识之间的联系;二是所借助知识与教学任务、教学内容之间的联系;三是所借助知识与学生接受能力之间的联系。要根据学生知识的掌握程度,精心设计"最近发展区",视学习的需要而复习必要的旧知识或者提供"先行组织者",使学生在学习新知识时能够迅速地相互作用,从而达到教学铺垫、引导、激励的作用。教师还需掌握知识导入的基本方法。知识导入的方法有很多,主要有直接导入法、作者介绍法、背景介绍法、题目解释法、温故知新法、引用诗文法等。

1. 直接导入法

直接导入法是直接阐明学习目的和要求,阐明各个重要部分的内容及教学程序的导入方法。这种方法在教学伊始就直接接触教学内容,提纲挈领地讲清重点、难点,而不通过其他方式进行教学过渡。直接导入法包括目标导入、作用导入、问题导入、切要导入等方式。

(1) 目标导入。目标导入是在一开讲就直接把本课要完成的教学目标向学生说清楚,以求得大家配合或引发大家注意的导入方法。这些目标具有学习定向的作用,有助于学生抓住学习的重点,以便顺利地听课和思考。

【示例 3 - 1】

> 同学们,今天我们共同学习"清朝前期的政治和经济"一节,本节课要着重领会下面几个问题:一是清朝统治者为巩固封建统治,在政治、经济上实行的恢复和发展农业、手工业的政策;一是明朝中后期业已产生的资本主义萌芽在清朝的缓慢发展及其原因。

这样的导入开宗明义,直奔主题,使学生明确学习目标。

在采取目标导入语时,教师应注意目标任务必须是教学中要解决的问题,不能西瓜芝麻一起抓。另外,目标必须适合学生的心理和知识。

(2) 作用导入。作用导入是一开课就把所讲知识的作用介绍给大家,以激起大家的学习欲望的方法。

【示例 3 - 2】

> "英国工业革命"一课的导入如下:
> 今天我们学习的新课题是"英国工业革命"(板书课题)。学好这一课,可以帮助我们对生产力与生产关系、经济基础与上层建筑之间的辩证关系原理、对邓小平同志提出的"科学技术是第一生产力"论点以及对我国社会主义现代化建设的重要性等问题加深理解。所以学好这节课具有不寻常的现实意义。

这样导入不仅使学生明确学习目标,更增强了学习这堂课的责任感,从而激发他们学习的兴趣。

（3）问题导入。问题导入即直接提出与课文内容相关的问题。

【示例 3 - 3】

  在政治课中，讲到"规律"时，教师一开课就向学生提问："太阳从东方升起和水往低处流二者哪一个是规律?"学生如果没有很好的理解和掌握规律概念，一般情况下，不是答前者是规律，就可能答后者是规律。但是，无论是前一种还是后一种答法，都是错误的。因为教师在提问中故弄玄虚，二者都不是规律。这样一来，就吊起了学生的好奇心，想知道问题的答案，在接下来的教学过程中，也就收到了良好效果。

【示例 3 - 4】

  进行"化学式"一节教学时，可用投影仪提出如下几个问题：

  (1)为什么是 2 个氢原子和 1 个氧原子结合成 1 个 H_2O 分子，而不是 3 个氢原子和 1 个氧原子结合成一个 H_3O? (2)为什么 2 个氧原子能自动结合在一起，而 2 个氢原子却不能结合在一起? (3)为什么 NaCl 形成时构成 1：1 型化合物而不是其他构型的化合物?

这些问题的提出，可一下子吸引住学生的注意力，激发他们的学习欲望，使他们能全神贯注地听讲，为学习理解此概念奠定良好的基础。

（4）切要导入。切要导入是抓住教学内容的某一重点或难点，单刀直入，直插课文精彩部分的方法。如讲授《卖油翁》，可由文章中心"熟能生巧"单刀直入。

  直接导入法具有目的性和针对性强、直接简洁等特点。它要求教师语言简洁明快，条理性强，富有启发性和感染力，通过讲述或设问等引起学生的有意注意、诱发探求新知识的兴趣。直接导入法也有其局限性，它过于笼统、概括，也过于刻板、枯燥，缺乏更强烈的感染力，因而不易激起学生的学习兴趣。这种导入法在高中使用尚好，但对初中学生要在适当的时候选用。

2. 作者介绍法

  作者介绍法是在讲解比较著名的作者的作品前，先向学生介绍作者的导入方法。由作者到作品，顺理成章，比较自然。如果作者的经历较为复杂，介绍时就不能长篇笼统地叙述，或分阶段重点介绍，或归类介绍，或对比介绍，以帮助学生阅读和理解文章为目的。

3. 背景介绍法

  背景介绍法就是把与新课有关的历史背景联系在一起的导入方法。背景的介绍，一般按课文注解纲要加以说明即可，若是课文涉及重大历史事件，或特定的背景,或涉及当前的敏感性问题,则需要着重介绍。对于写作年代久远或内容与学生生活相去甚远的教学内容,用背景导入法效果较好。

【示例 3－5】

《兰亭集序》一文的导入如下:

东晋穆帝永和九年(公元 353 年)三月三日,这天惠风和畅,天朗气清,王羲之与当时的名士孙绰、谢安等 41 人为过修禊日,宴集于会稽山阴兰亭,与会的人饮酒赋诗,汇编成集,是为《兰亭集》。众人推选王羲之为该集作序,此时王羲之坐在青山绿水之中,仰观宇宙,俯察万物,想到世事变迁,人之生死,不禁感慨万千,便乘酒兴挥就了一篇序,记下了宴集的盛况,写出了与会人的感慨。这篇序言就是《兰亭集序》。序文共行书 28 行,324 字,洋洋洒洒,一气呵成。通篇读来,章法布白参差多变又和谐统一,没有故意经营的痕迹。其线条更是韵律优美,节奏鲜明,体态安详。相传王羲之后来又将《兰亭集序》写了数遍,可是总觉得没有先前写得好。我们说任何一门艺术创作都是需要灵感的,书法艺术也不例外。那么王羲之在怎样的情怎样的景中产生了如此的灵感呢?当时他的思想里又涌动着些什么呢?下面就让我们到他的序文中去寻找答案吧!

这一导入简要介绍了文章的产生时间、产生背景以及人物的情感状态,为学生进入课文的学习奠定了基础。

4. 题目解释法

题目是文章的眼睛,眼睛是心灵的窗户。透过文题可以窥视文章的主旨。题目解释法就是通过对题目的概念、意义、关系、结构等的解析阐释导入新课。

【示例 3－6】

《南州六月荔枝丹》的题目解释法导入如下:

"南州六月荔枝丹"是明朝陈辉《荔枝》诗中的句子。用古诗命题蕴藉含蓄,引人入胜。此题内涵丰富:产地南州,泛指我国南部地区;成熟的季节六月(公历七月);鲜果的色彩,绚丽如丹。突出了荔枝生态的主要特点、产地、成熟期、颜色。充满诗情画意,而且引古诗为题,也与全篇广泛引证的风格统一起来。本文属于科学小品,属于说明文。所谓小品就是随笔之类的小文章,科学小品则是介绍科学常识的文艺性说明文,既有很强的科学性,又有一定的文学情趣。

解释题目可以直截了当地点明课题的基本特征及重要概念,也可以围绕课文题目中的词语所表示的关系展开提问或解释。对于标题中涉及的学生不太熟悉或不知道的人名、地名、物名,教师也可以从解释这些名物开讲。有些文题的含意或者艰深难懂,或者另有所指,不易理解,教师可从释题意开讲,让学生循题识文。

5. 温故知新法

温故知新法是指通过复习、联系旧课或已有知识导入新课的方法。这是一种常见的教学导入方式。各学科的教学内容的章节之间、课文与课文之间都有一定的内在联系。由已知到未知也是学生认知发展的一条规律。因此,在讲授新知识前应考虑新旧知识之间的联系,很好地利用学生已经掌握的内容或日常生活中积累的知识,以此设计导入,引出新的内容。具体来说,温故知新法可分为复习导入、经验导入等方式。

(1) 复习导入。复习导入是一种从已有知识入手由已知引向未知的导入方法。

【示例 3 - 7】

有位物理教师在讲授"电磁感应"一节时,就运用了复习导入。他说:"前面我们学习了电流的磁场,我们知道电流的周围存在着磁场,即电→(产生)磁;那么反过来,由磁场能否获得电流呢? 这一节课我们就来研究这个问题(教师板书:电磁感应)。"

【示例 3 - 8】

在讲盐类水解时,有位教师是这样导入的:

教师说:"我们已经知道酸溶液呈酸性,碱溶液呈碱性,那么酸和碱中和生成的盐的水溶液是否一定呈中性呢?"

有的同学回答:"盐溶液呈中性,食盐溶液就呈中性,否则我们吃了就会酸中毒或碱中毒。"

有的同学回答:"盐溶液不一定呈中性,我们初中就学过碳酸钠溶液呈碱性,我们家蒸馒头还用它来中和面里的酸呢,否则蒸出的馒头又硬又酸,很不好吃。"

教师此时顺势导入:"究竟如何呢? 要得出正确结论,就需要研究盐类的水解问题了。"

具体来说,复习导入有这样几种具体方式:①从总结旧课入手导入新课。其操作方法是:教师首先对上几节课的内容进行总结概括,简明扼要地复述出新知识。②从检查提问旧课入手,导入新课。其操作方法是:教师在讲新课前先向全

新编教学工作技能训练

体学生提出几个前几节课学过的富有启发性的问题,然后让几个学生代表回答,在复习的基础上导入新课。③通过组织学生的听、写、练等活动,导入新课。其操作方法是:讲授新课前,先让学生以听、写、板书、朗读、翻译、练习等活动复习旧课,在学生再现已学知识的基础上导入新课。

(2)经验导入。经验导入就是以学生的生活经验为出发点,通过提问、讲解,以期引起学生对已有经验的回忆,并引导学生发现新课内容与该经验的联系,进而产生探究问题的兴趣的一种导入方式。

【示例 3-9】

> 有一位教师一上课就说道:"大家都爱吃土豆、西红柿,它们是大众化的蔬菜。它们又叫什么呢?"(学生众口一词:又叫马铃薯、番茄。)教师:"马铃薯又叫'洋芋',谁还能举出带'洋'字的东西吗?"(学生:石油又叫"洋油",火柴又叫"洋火"。)教师:"很好。那么大家知道这些东西为什么都带'洋'或'西'的名称吗?"(学生:都是从外国传入我国的。)教师:"很对。'洋芋'和'西红柿'都原产于古代美洲,是在明朝中后期,从当时吕宋(菲律宾)传入我国南方的,然后在各地广泛种植,丰富了我国人民的经济生活。"由此导入讲述"明朝中后期的经济"一课。

6. 引用诗文法

这里的"诗文"是一个广义的概念,包括诗歌、故事、典故、成语、对联、笑话、歇后语、谜语等。诗文导入法就是利用适宜的诗文材料寻找材料与教学内容之间的内在联系导入新课的教学方式。

(1)诗词导入。诗词导入是引用诗歌词赋与教学内容相联系而导入新课的一种导入方式。

【示例 3-10】

> 在讲"隋朝的统治"一章前,教师先给学生朗读两首诗。第一首是《汴水》(胡曾):"千里长河一旦开,亡隋波浪九天来。锦帆未落干戈起,惆怅龙舟更不回。"第二首诗是《汴河怀古》(皮日休):"人道隋亡为此河,至今千里赖通波。若无水殿龙舟事,共禹论功不为多。"教师简单解释后指出:"这两首诗对隋大运河作了两种完全不同的评价,第一首诗把隋大运河的开凿说成是隋亡的主要原因,对大运河持否定态度;第二首诗指出开大运河利远大于弊,数百年后,人们往来千里仍依赖它,持肯定态度。那么,这两种完全相反的观点到底哪一种正确呢?隋大运河对历史的发展到底起了怎样的作用呢?隋的灭亡与大运河是否有联

系呢？下面我们根据教材所给的材料,去做出正确的评论。"

【示例 3-11】

> 政治课的教学中,教师引用了诗人卞之琳的诗:
> 你站在桥上看风景,
> 看风景的人在楼上看你。
> 明月装饰了你的窗户,
> 你装饰了别人的梦。
> 这首诗以简朴的语言,丰富的想象,展示了人与自然、环境、他人之间的关系,深刻揭示了事物之间的普遍联系。通过简析这首诗,教师自然地导入了"用联系的观点看问题"这一节。

这样的导入既自然又生动形象,把普遍联系这个抽象的原理置于诗情画意之中,让学生能较快地领悟深奥的哲学原理。这样的导入,可谓水到渠成。

(2) 故事导入。故事具有很强的情节性,能够吸引学生的注意力,根据教材内容的特点和需要,选讲联系紧密的故事片段,可避免平铺直叙之弊,收寓教于趣之效。

【示例 3-12】

> 在讲"矛盾的普遍性"时,有位教师首先讲了我国历史上的"四大美人",说她们都是绝代佳人,名字有沉鱼、落雁、闭月、羞花的美称。但四人又各自都有点生理缺陷:西施耳朵特小,王昭君脚特大,貂蝉有狐臭,杨玉环体形过于丰满,以至于走路的响声不堪入耳。这四个小故事使学生兴趣盎然。教师稍作停顿后说:"人无完人,金无足赤。四大美人如此,世界上任何事物更是如此,矛盾是普遍存在的。"这就很自然地导入了新课。

【示例 3-13】

> 在讲授"苯及其同系物"时,有位教师通过凯库勒致力于研究苯的结构,因过度劳累而进入梦乡,却因一梦而得到启发,推导出苯的凯库勒式结构。这不仅激发学生兴趣,而且使枯燥的苯的结构知识变得生动形象,同时也对学生进行了一次德育教育。

运用故事导入要注意几点:一是故事内容要与新课内容有内在联系;二是故事本身要生动有趣,对学生有启发性;三是故事要短小精悍,语言要简练明快,不宜占时太多,以免喧宾夺主,颠倒主次。

（3）典故导入。典故是著名的故事，运用典故导入可以增加教学内容的厚重感。

【示例 3－14】

　　有一位老师在讲"主观必须符合客观"时，为引起学生的兴趣，讲述了"画家画牛"的典故：古时候有位画家画了一幅两牛相斗图，拿给一些官员看，都称赞不已。可是，当他把此画拿给一位农民看时，这位农民却大笑不止。他说两牛相斗，为了用力击倒对方，它的尾巴永远是夹着的，绝不会高高翘起来。画家听了之后不敢出声。那么，画家为什么会闹这样一个笑话呢？这样很自然地引入了新课。

　　另一位教师在讲"主观必须符合客观"时，首先讲了"按图索骥"的典故：我国古代有名的相马专家伯乐著有《相马经》。书中说，良马额部隆起，像一种蜘蛛的日角，四个蹄子犹如垒起的酒药饼。有一天，他的儿子拿着经书，按照书上讲的这些特征去"相马"。结果，他双手捧着一只癞蛤蟆兴冲冲地回家向父亲报告："我也'相'了一匹马，额头同书上说得差不多，只是四个蹄子不像垒起的酒药饼。"伯乐见了，哭笑不得，对儿子说："你的这匹马太会跳，大概驾驭不了啊！"听了这个典故，同学们禁不住哑然失笑，带着愉悦饱满的情绪进了学习状态，并主动探求新知。而后，教师接着说："伯乐的儿子之所以闹出把'癞蛤蟆'当'良马'的笑话，就在于他生吞活剥书本知识，唯书不唯实，违背了一切从实际出发的原则。"那么，什么是一切从实际出发？为什么要一切从实际出发？怎样才能做到一切从实际出发？这就是我们这节课所要学习的内容。这样，就很自然地将学生引向对新知识的学习。

（4）笑话导入。用笑话导入可以活跃课堂教学气氛，引发学生的学习兴趣。

【示例 3－15】

　　刚上课，学生正猜测今天上什么新课。教师却极认真地讲了一个小笑话：

　　一天深夜，在一个小巷的尽头，两个人走了个对面。其中一个问另一个："这儿有警察吗？"

　　另一个回答："没有。"

　　"那么，能不能在附近很快找到一位？"

　　"恐怕不可能。"

　　"那好吧，把你戴的手表和钱交给我！"

学生大笑时,老师又及时发问:"这个笑话的结尾有什么特点?"

学生:"出人意料。"

教师:"它还反映了坏人的一种什么心理?"

学生:"害怕警察。"

教师:"今天我们要讲的这篇课文也写到了警察,结尾也是出人意料的。可是文中的主人公苏比却一反常态,故意当着警察的面干坏事,这是为什么呢?"

经过这样的导入,学生的学习兴趣大增,他们带着极大的兴趣阅读课文。

(二) 事物导入技能

事物导入技能是一种以引导学生观察实物、模型、图表,观看影视片段或幻灯片等活动方式,引发学生学习兴趣,导入新课的教学技能。这一技能的运用是在讲授新课之前,先引导学生观察或观看实物、样品、标本、模型、图表、幻灯片、电视片等,引起学生的兴趣,再从观察中,提出问题,创设研究问题的情境。学生为解决直观感知中带来的疑问,会产生学习新知识的强烈要求。通过事物直观形象的导入,由点及面、由感性到理性,符合学生认识的思维路线,易激起兴趣和学习动机,效果十分理想。事物导入技能的操作,教师应注意:第一,实物、模型、幻灯、电视等的内容必须与新知识有密切的联系;第二,在观察过程中,教师要及时恰如其分地提出问题,以指明学生观察中的思考方向,促进他们的思考,为学习新知识做好准备。事物导入技能具体包括实物导入、图表导入、幻灯导入、影视导入等具体方式。

1. 实物导入法

实物导入是指教师用真实的物品引导学生进入新课的导入方式。

【示例 3 - 16】

有位教师在讲"种子的结构"的时候,先请学生辨认几种植物的种子。接着说:"世界上绿色开花植物有二十多万种,多数都是由种子发育而来的。现在我们看到的只是几种,非洲东部塞舌尔有一种复椰子树,一个种子的直径有 50 厘米,重达 15 千克,可算是世界上最大的种子;还有一种叫斑叶兰的植物,它的种子一亿粒才重 50 克,可算是世界上最小的种子。尽管这些种子的大小、形状、颜色各不相同,但把它们种在适宜的环境里,都能长出一棵新的植物体。这是为什么呢?因为它们的结构基本上是相同的。今天我们就通过观察常见的菜豆种子和玉米种子来学习种子的结构。"

2. 图表导入法

图表导入法是运用教材插图、教学挂图、相关画图、图表等导入教学内容的教学方式。

【示例 3-17】

在讲授"英国资产阶级革命"一章时,可让学生先看教材上《查理一世被押上断头台》插图,同时配上一段生动的导言:"1649 年 1 月 30 日的伦敦,清冷而阴暗,天刚蒙蒙亮,人们便迎着凛冽的寒风三五成群地向卫厅宴会堂外面的广场涌来,顿时,一个偌大的广场被挤得水泄不通。下午一点半钟,面对广场的宴会堂中间那扇窗子打开了,在众目睽睽之下,一个全身黑衣装扮,面色惨白的瘦长男人被带到了宴会堂外面的断头台上,这就是被英国国会宣判死刑的国王查理一世。随着查理一世被处死,市民群众振臂欢呼,互相拥抱,有的把帽子抛向天空。英国国会为什么要处死国王?人民群众为什么会这样高兴呢?"从而导入这节课的教学。

3. 幻灯导入

幻灯导入是运用投影仪、计算机等现代化教学仪器,通过幻灯片等形式导入新课的教学方式。运用幻灯导入可以生动形象地展示一些抽象的、不易直接观察到的事物,有助于学生理解教学内容。

【示例 3-18】

在讲"光的直线传播"时,有位教师在课前滚动播放一组与光现象紧密联系的优美图片和视频:影、倒影、水面下物体、霞光万道、晨曦中穿透树林的道道阳光、白光通过三棱镜的色散、彩色的肥皂泡、北极光、日晕……最后,教师将画面停在"节日夜空中的多彩的激光",直指本课的主题。让学生在欣赏绚丽天象的同时认识到大自然中有许多光沿直线传播的例子,在轻松愉悦的环境中进入这节课的学习。

【示例 3-19】

在讲授初中化学"核外电子排布初步知识"这一内容时,有位教师运用两台投影仪模拟钠原子核外电子排布和运动情况。学生在投影银幕上看到钠原子核外离核最近一层排有 2 个电子,较近一层排有 8 个电子,最远一层排有 1 个电子。通过投影,学生能直观、形象地看到钠原子核外电子排布和运动情况。这时,教师指出:钠原子核外电子排布运动是这种情况,那么其他原子核外电子排布、运动情况如何呢?由此而导入新课。

4. 影视导入

影视导入是运用影视资料的片段、剪辑导入教学内容的导入方式。历史题材的电影、电视虽有虚构,但主体是符合历史真实的,其中有不少与历史知识相关的情节,在导入新课中适当地运用,能烘托课堂气氛,引起学生的共鸣。

【示例 3－20】

在讲碳单质的化学性质一节时,教师问:"看过电影《泰坦尼克号》的同学请举手。"大多数同学都举手,眼中带着迷惑的神情。接着,教师又问:"同学们注意到男主人公给女主人公画的那张画了吗?"学生回答:"注意到了。"教师又问:"你们想过吗? 那张画沉在海底近百年,取出后却没有褪色,知道是什么原因吗?"学生摇头不知。教师说:"要知道这个问题,我们就必须认真学习'碳单质的化学性质'这一内容。"

【示例 3－21】

在讲"依法保护消费者的合法权益"时,上课铃声一响,教室里鸦雀无声。教室里的银幕上放映着南方某游览区过山车坠落事故的全过程,血肉横飞,哭声震天,惨不忍睹的画面配以雄浑沉重的画外音强烈地震撼着每一个学生的心。突然,画面和声音戛然而止。紧接着,教师很有感情地开启新课导入:"这一案例,让我们触目惊心,然而痛定思痛,我们应该怎样避免这种悲剧的重演? 当消费者的合法权益受到侵害时,我们如何拿起法律武器保护我们的合法权益? 这就是今天我们要学习的内容。"

(三) 动作导入技能

动作导入技能是指教师运用一定的身体动作或演示行为导入教学内容的导入技能。这种方法直观性强,能够强烈刺激学生的感觉器官,引起学生浓厚的学习兴趣,产生强烈的学习动机,使课堂气氛活跃,而且有助于学生理解掌握抽象的知识。动作导入技能包括入境表演导入、实验演示导入等具体方式。

1. 入境表演导入

入境表演导入是指教师或学生表演课文情境或相关情境导入新课的方式。教师可根据教学内容设计一些趣味性浓、操作性强的表演活动,如课本剧演示、教学情境对话等。教师也可以根据课文的特点,抓住课文的典型动作、神情、语言等,"身入课文",把它演示出来,巧妙地引入课文。

【示例 3 - 22】

讲授《二六七号牢房》一课时,一位教师走进教室,确定好方位。一边踱来踱去,一边说:"从门到窗子是七步,从窗子到门是七步。这个,我熟悉,走过去是七步,走过来是七步……是的,这一切,我很熟悉。"这一口头和身态的形象化语言,既出乎学生意料之外,又入乎教材的情理之中,像磁石一样把学生分散的思维聚拢起来,牢牢地把学生注意力吸引住,学生很自然地把这一形象深深地印入脑海之中,久久不忘。

运用这种方法能将课上得有声有色,引人入胜。但一定要注意演示内容的典型性及与课文主旨的密切程度,能牵一发而动全身。

2. 实验演示导入

实验导入是物理、化学或生物等学科中常用的一种导入方法。根据学生学习心理活动特征,在学习某章节的开始,可由教师演示实验。尽量挖掘富有启发性、趣味性的实验,巧布疑阵,设置悬念,就会使学生明确学习目的,增强动机。

【示例 3 - 23】

有位物理教师在讲"物体的导热性能"内容时先做了一个实验:他从口袋里掏出一块手帕,问学生一个问题:"假如我用火点燃这块手帕会发生什么事情?"学生齐声回答:"手帕会燃烧。"教师即用火柴点手帕,但手帕并不燃烧。怎么回事呢? 学生很惊讶。这时教师打开手帕,原来手帕里包着一枚硬币。为什么包着硬币的手帕就不燃烧呢? 是硬币把火吃掉了吗? 大家议论纷纷,学生的好奇心更强了。教师转身在黑板上写下了"物体的导热性能"几个字,说:"这就是我们今天要学习的内容。"这样学生就带着极大的好奇心和学习积极性进入了学习状态。

【示例 3 - 24】

在"钠及其化合物"一节的开始,教师先给学生演示了两个实验:(1)取 Na_2O_2 和 Na_2O 少许分置于两支试管中,然后加入适量水,分别用带火星的木条放在试管口。(2)取两团疏松的新棉花放在石棉网上,分别撒上白色的 Na_2O 和淡黄色的 Na_2O_2,然后用力吹这两团棉花。

结果学生惊喜地看到：在实验(1)中放 Na_2O_2 和 H_2O 反应的试管口的木条燃烧起来，在实验(2)中撒有 Na_2O_2 粉末的那团棉花迅速燃烧起来，另一团棉花却没有明显变化。观察了这两个对比实验，同学们兴趣大增：都是钠的氧化物跟同种物质反应，现象却为何大相径庭？在此基础上，教师顺势导入新课，加以引导点拨，同学们则群情振奋，认真听讲，从而较好地掌握了 Na_2O 和 Na_2O_2 的性质。

许多教师在开始新课时，有选择性地做一些启发性强的实验、练习，注意从多个方面变换刺激，以引起学生学习的兴趣。这些实验、练习不妨也让学生参与，这也是调动学生学习积极性、使知识直观形象地进入学生头脑的一种开讲方式。实验演示导入时必须注意直观演示与语言讲解相结合，以及教师与学生共同参与其中，才能取得理想的效果。

（四）情境导入技能

情境导入技能是指教师通过一定的情境导入新课的技能。这些情境可以是教师精心创设的，也可以是临时捕捉的。情境导入技能主要有设境导入和现场导入两种方式。

1. 设境导入

学生情感的触发，往往与一定的情境有关。在一节课起始时，教师可创设某种具体生动的情境，渲染课堂气氛，让学生置身于特定的情境之中，深入体会、感悟教材的内涵，使他们的思想感情同课文内容产生共鸣，从而形成"转轴拨弦三两声，未成曲调先有情"之妙。

【示例 3 - 25】

高中英语第一册 Unit 3　Social Customs：A Dinner Party (Listen and Speak：task 2)，可作如下导入：

T：Just have a look at the picture. What can you see?

Ss：Two couples, a boy, a dog, a clock, a moon, a bottle of wine, a lamp...

T：Can you tell me what time it is?

Ss：It's a quarter past twelve. (We can judge from their clock.)

T：Who are at the door?

Ss：Two guests are at the door.

T：How do the host and the hostess look?

Ss：The man and the woman look very tired and sleepy.

T：What is the baby doing?

Ss：The baby is crying.

T：Why are the guests here so late?

Ss：Because the host and the hostess said they could stop by anytime.

T：When someone says you can stop by anytime，dose it really mean that?

Ss：Yes. /No.

T：Ok. Today we're going to listen to a passage，and then find out whether the expression is really invitation.

在上例中，教师利用图片设置情境，引导学生进入图片情境，并顺势引导出学习内容，导入自然贴切。

开讲时的情境创设要巧妙精当，真切感人，能够触到学生的内心深处，发动他们的情绪想象。这就需要教师具备编剧的本领、导演的才能和演员的素质，才能成功地引导学生入境受情。

2. 现场导入

现场导入，也称即兴导入，即教师根据讲课现场的情形导入新课的教学方式。

【示例 3－26】

教中学历史"明朝的经济和资本主义萌芽的产生"一课时，有位教师根据教学内容即兴自编了一个十分有趣的故事："在某个朝代冬天的某个晚上，寒风凛冽，在某个北方城市的某个家里，一家人正喜气洋洋，围在一只煤炉周围烤火。只见一个老人正在抽烟，一个孩子正在烤马铃薯吃，另一个中年人正在吃大米饭，三个人身上都穿着新棉袄，三代同堂，其情融融。请问，这样的情景最早在什么朝代才会出现呢?"这个并不精彩但十分有趣的自编故事意外地引起了学生的极大兴趣。教师接着解释道："这里涉及历史上生活用煤的时间，烟草、马铃薯的引进，棉花的普遍栽种，棉布成为广大人民主要衣料等史实的时间以及水稻的种植等历史知识。只有掌握了这些知识，才能回答上面的问题。而这些知识将会在这堂课中一一讲到。"这种导语别出心裁，出人意料，但吊足了学生的"胃口"，效果特别好。

【示例 3－27】

一位教师讲授白居易的《卖炭翁》时，恰值雪后天晴。他走上讲台，即兴发挥道："同学们，断断续续飘洒了近一周的雪花停止了。今天，阳光灿烂，天气晴朗，在我们看来这是很美的。但是，一千多年以前，有一个穿得十分单薄的老人却不喜欢这样的好天气，他总是希望大雪纷飞，朔风凛冽。他为什么有这样反常的心理呢？请大家学习白居易的《卖炭翁》，那位老人就是这篇作品的主人公。"

现场导入，需要注意抓住现场事物的特点与教学内容之间的联系，不可牵强附会。现场导入因为具有强烈的现场感因而往往具有较强的感染力和说服力，容易使人产生如临其境、感同身受的效果。

由上可见，教学导入的方式方法多种多样，各有各的用途与妙处。以上所介绍的导入方式，只是我们经常用到的。需要强调的是，无论哪一种导入都要力求合乎以下程序：集中注意→引起兴趣→激发思维→明确目的→进入学习课题。这是教师设计导入的出发点和归宿，也是各种导入的内在机理和共同规律的外显。

训练提示

1. 搜集教学导入的相关实际教学材料，分析其导课的主要方法，思考对自己从事教学实际工作的启示。

2. 选择一教学材料，以小组为单位开展教学导入实际教学活动，小组内每位成员选择一种导课方法进行教学设计并实施教学，其他成员对导课技能技巧提出自己的评判意见。

二、教学板书技能

教学板书技能是指教师通过设计和运用写在黑板或投影片上的文字、符号、线条、图表、图画、图像等向学生传递教学信息的教学行为方式。教学板书是教师教学的有力助手。板书是课堂教学口语表达的主要辅助工具，可以弥补教学语言表达上的不足。教学板书可以解决一些口语不易讲解清楚的内容，可以浓缩教学信息，简洁明了地呈现出复杂的教学内容。有时一副简洁的板书可以顶上教师费事劳力地讲解半天。好的教学板书可以直接体现教学意图，揭示教材结构，理清教学思路，突出教学的重点、关键点，解决教学难点。简洁明了的板书，在很大程度代替了繁冗的语言说明，从而简化了教学过程，可以节省教学时间，提高课堂教学的效率和质量。教学板书技能可分为板书书写技能和板画绘制技能。

(一) 板书书写技能

优秀的板书是内容与形式的完美统一。对教学内容的精确概括还需要以恰当的形式表现出来。板书设计时要根据课文内容、学生情况、教师自身情况等选择适当的形式来呈现板书内容。根据不同分类标准也可划分出不同的板书形式。以板书借助的形式来划分，可分为纲要式板书、表格式板书、表解式板书、留白式板书等；以板书的意图或所反映的内容可分为情节式板书、主题式板书、示意式板书等。这里对上述类型的板书加以简介。

1. 纲要式板书

纲要式板书是运用简洁明了的语言把主要内容概括成提纲要目呈现出来的板书方式。纲要式板书可以达到纲举目张的效果。

【示例 3－28】

高中英语第三册(上)Unit 12　Lesson 46　WINTER SLEEP 一课的板书：

Unit 12　Lesson 46

WINTER SLEEP

1. hibernation in the cold weather (some animals)

2. hibernation in all kinds of places

①inside trees;②using caves;③under the mud;④in the earth;⑤under the snow.

3. some warm blooded needn't hibernate (cat,dog,wolf)

Cold blooded need to when below freezing (frog,snake).

4. hibernation — a very deep sleep

① body temperature drops;

② heart beats very slowly;

③ body feels very cold;

④ breathe once every 5 minutes;

⑤ not feel any pain.

5. hibernating all through the winter

① have stored fats;

② hardly use any energy.

6. half hibernation — the sleep, not such a deep one (bear)

7. squirrel makes secret food stores for the winter — for the future

2. 表格式板书

表格式板书是指用表格的方式表现教学内容的板书方式。表格式板书是常见的板书形式,它有整齐、对称、均匀、清晰、明了之美感。这种板书方式适合于将同类、相似、相关知识放在一起呈现,具有归类、比较等作用。

【示例 3-29】

初中地理"气象灾害及其防御"的板书见表 3-1。

表 3-1 "气象灾害及其防御"的板书

气象灾害	台 风	寒 潮	暴雨洪涝	干 旱
形成原因	热带气旋强烈发展	强冷空气迅速入侵	水汽多、上升强烈、时间长,连续暴雨	长时间无雨,异常少雨
特点	热带或副热带洋面,有台风、飓风	急剧降温,伴有大风、雨雪、冻害	易发生洪水、洪涝	空气干燥、土壤缺水
多发季节	夏、秋	冬、早春、晚秋	夏、秋	冬、春
影响地区	东南沿海各省	多数省区	东部、南部	华北、西北
危害	强风、特大暴雨、风暴潮,破坏农业、交通、通信等设施	农作物冻害,建筑物受损,通信中断,交通受阻等	洪水、洪涝,淹没农田,冲毁建筑物、公共设施等	粮食减产,人畜饮水困难,影响经济发展和社会安定
防御	加强气象卫星、雷达的监测和预报	加强预报,提前发布消息,采取防寒措施	加强监测和预报,修建水利设施,植树造林	植树造林,水利建设,发展耐旱作物,节约用水

在表格式板书中,通过表格能够化繁为简,比较异同,具有较强的概括性,便于分析、综合,建立联系,增强记忆。

3. 表解式板书

表解式板书是一种用大小括号、关系框图等形式将纲目或要点组织成一个比较明显并能反映出从属关系的结构的板书方式。表解式板书常用解析性关系表的形式来反映教学内容要点、层次或结构的板书。这种板书的特点是系统完整,脉络分明,使学生看后容易从整体上把握教学要点。

【示例 3－30】

高中地理"地球运动意义"一章中"四季形成"的板书见图 3－1。

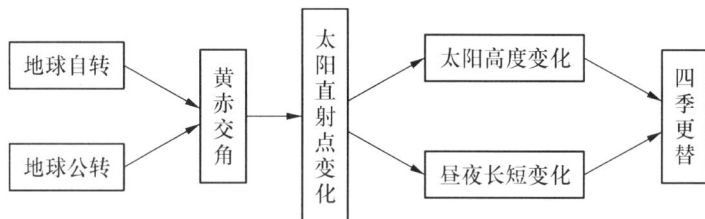

图 3－1　"四季形成"的板书

【示例 3－31】

《孔雀东南飞》一课的表解式板书见图 3－2。

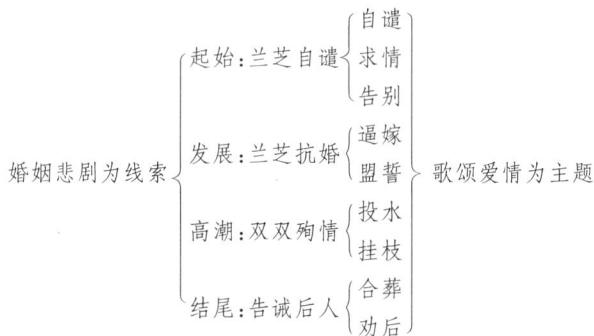

图 3－2　《孔雀东南飞》一课的板书

4. 留白式板书

留白式板书是指教师在板书时故意留下一些空白让学生思考填充的板书。这种板书具有很强的启发性,可以有效地调动学生进行积极思维。

【示例 3－32】

有位教师在讲《塞翁失马》一课时,在疏通了句意后,书写了如下一个充分体现"空白",既精练又巧妙的板书(见图 3－3)。

这一板书中,教师留出了空白,让学生参与到板书的过程中来。学生看了这一板书后,对两边的"空格"产生了浓厚兴趣,于是积极思考、探究答案。通过对文章全面而仔细的分析理解,最后在方格内填上了"福"和"祸"两个字。这一板

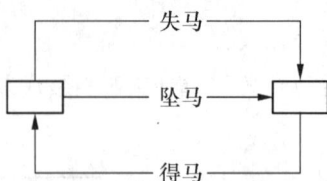

失马
坠马
得马

图 3 - 3 《塞翁失马》一课的板书

书设计巧妙、准确地揭示了失马、得马与坠马在祸福转化中的朴素辩证关系和常思常新的深刻哲理。学生的参与并取得学习结果的成功,使他们得到了一种充实和提高的心理满足,体验到一种成功的喜悦。

5. 情节式板书

情节式板书是一种根据情节的发展或事理逻辑进行设计,呈现出事件的发展过程和内在关系的板书。这类板书可以直观地展示过程,呈现内在关系,具有很强的直观启发性。

【示例 3 - 33】

《扁鹊见蔡桓公》一课,写的是蔡桓公讳疾忌医,不听扁鹊的忠告,最后无法救治的故事。教师可设计如图 3 - 4 板书,以便于学生理解课文结构和背诵课文。

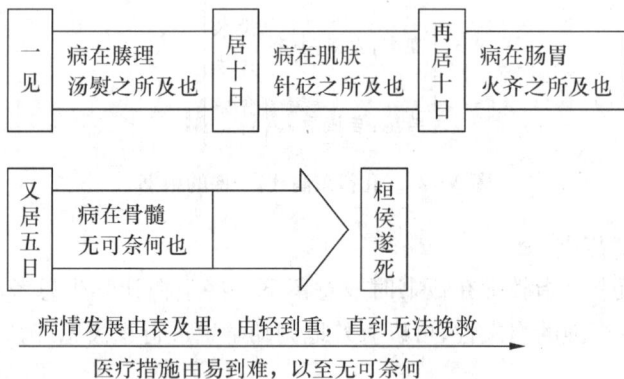

| 一见 | 病在腠理 汤熨之所及也 | 居十日 | 病在肌肤 针砭之所及也 | 再居十日 | 病在肠胃 火齐之所及也 |

| 又居五日 | 病在骨髓 无可奈何也 | 桓侯遂死 |

病情发展由表及里,由轻到重,直到无法挽救
医疗措施由易到难,以至无可奈何

图 3 - 4 《扁鹊见蔡桓公》一课的板书

6. 主题式板书

主题式板书是为了突出课文或课题的中心或主题而设计的板书形式。示例 3 - 34 就是主题式板书。

【示例 3－34】

《孔乙己》一文的主题式板书见图 3-5。

图 3－5 《孔乙己》一文的板书

这一板书设计围绕一个"笑"字展开,放大了这个"笑"字,突出了"笑中含酸楚"的教学重点,表现了孔乙己的悲剧既是人物命运、人物性格的悲剧,也是社会问题的悲剧,给人留下了极其深刻的印象。

主题式板书往往用最准确、最鲜明的一字、一词或一语,书写于黑板之上,点明文章最重要、最关键的核心所在。这种类型板书的特点在于精,在于浓缩,在于一语道破。如何设计这类板书呢? 教师要先在全面把握全文中心,全文线索的基础上,进行提炼,把文章的中心、主线浓缩为一字、一词或一语。这样的板书常常能收到"一石击破水中天"的作用。当然,如果概括不当,则可能使板书大而空、空而不当。教师在运用这种板书方式时,需要慎重考虑。

7. 示意式板书

示意式板书是指通过板书把课文情节、内在线索或事物内在原理生动形象地揭示出来的板书。

【示例 3－35】

地理课中"表层洋流分布"的板书见图 3-6。

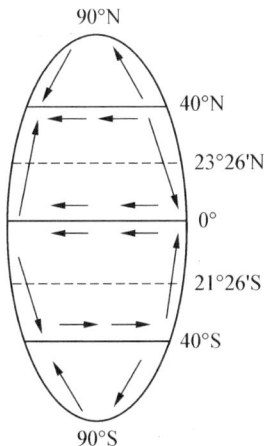

图 3－6 "表层洋流分布"的板书

【示例 3-36】

《守财奴》一文的板书设计见图 3-7。

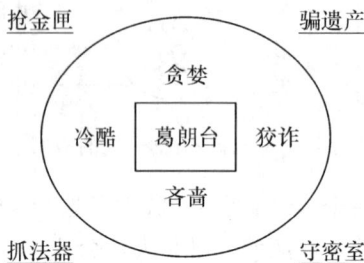

图 3-7 《守财奴》一文的板书

这一板书从形式上看像一枚古钱。古钱的外部是葛朗台的种种卑劣行为，内部则是这种种行为所蕴涵的人物性格。人物的行为和性格，一外一内，在形式上也很符合对人物形象由表及里的分析原理。葛朗台居于古钱的最中央，他正是这些行为的制造者和性格的拥有者。这一设计生动地把钻进钱眼里的"守财奴"葛朗台的形象表现了出来。

板书设计过程是一个认识不断深化的过程。随着认识的不断深化，所设计的板书也要不断调整，使之渐趋完善。教师进行板书设计时要不断对已形成的板书进行修改、调整，以期设计出既简洁又准确还美观的最优化的板书形式。在教学过程中，随着师生互动或教师的反思，板书中的一些不足会暴露出来，教师要在课堂教学过程中及时调整原来的板书设计，同时在课后也应进行反思，不断改进板书设计，以提高板书能力。

（二）板画绘制技能

板书就呈现的内容与载体来分，可包括板书与板画。板书以文字为主，有时配以线条符号，板画则以图画为主。板画，又称简笔画、黑板画，是教师在课堂上以简练的线条，在较短的时间内高度概括地勾勒出各种景物、事物、人物的形象或内在关系的一种绘画。板画内容包括实物简图、过程示意图、知识逻辑流程图、图像、传输说明图和事物方位图、布局图等。板画清楚醒目，生动有趣，能够焕发学生的学习兴趣，集中学生注意力，帮助学生理解教学内容，增强记忆效果，从而提高教学质量。板画渗透了中小学教师的艺术情趣，有助于学生审美能力的形成和提高。

根据内容不同，板画可分为示意图和简笔画两种基本类型。这种分类只是为了掌握的方便，两者并不是完全分开的。它们与文字型板书之间也不是完全隔离的,往往是联系在一起使用的。板书设计技能中的许多技能和知识在板画绘制中仍然适用。

1. 示意图

示意图是用符号、线条、图形等示意课文内容或课题原理的一种板书方式。这种方式可运用于抽象事物原理的形象说明或一些物理装置、化学仪器的构造的展示。

【示例 3 - 37】

讲授初中物理"杠杆原理"时可设计如图 3-8 所示的板书,这样的板书就可以使学生一目了然地明白杠杆原理。

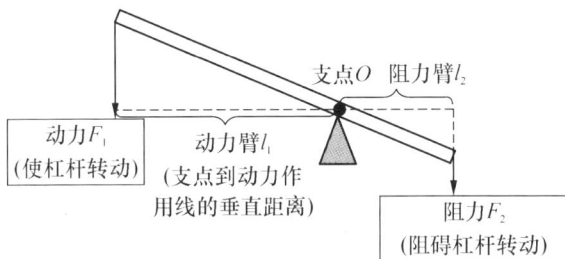

图 3-8 "杠杆原理"板书

2. 简笔画

简笔画是以简练的线条,在较短的时间内、高度概括出各种景物、事物、人物等形象的一种绘画。这种绘画往往简单几笔能就生动地勾勒出事物的形象,描绘出一定的情境。

【示例 3 - 38】

诗句"海上生明月"的意境可用图 3-9 展示:

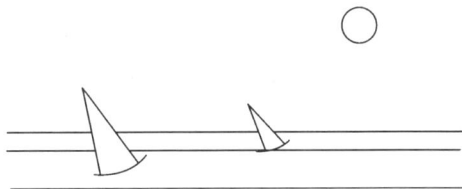

图 3-9 "海上生明月"的意境图

板画绘制有一定的要求:一是板画绘制要准确。板画绘制虽然是示意性的,但在揭示内在原理或内在关系上和外在表现形式上还是要求做到准确。二是板画绘制要快速。板画绘制比文字型板书往往需要更多工具、技术、过程、步骤和时间，如果绘制得太慢会占用太多时间。如果教师老半天不能准确地绘制完毕，会使学生觉得教师无能。三是板画绘制要美观。板画由于线条多、色彩多样等原因，难度不小，同时也使它比文字型板书更具美感。如果板画绘制得简洁美观，有助于提高学生学习兴趣，吸引学生注意力，培养学生的审美能力。教师在绘制板画时，应当把握准确、快速、美观的绘制要求。

训练提示

1. 分析各学科教师的板书、板画技能，探讨自己应该吸取的经验以及需要避免的问题。

2. 选择一教学材料进行板书设计，并与其他同学交流设计想法。

3. 观察一个事物，用示意图或简笔画将其表现出来。

三、教学应变技能

教学应变技能是教师在教学中面对突发性教育情境做出快速、恰当处理的随机应变的行为方式。教学应变中的"变"主要是指发生在课堂教学过程中出现的变化。这种变化既包括与教学内容、教学任务有关的变化，也包括与之无关但会影响教学进程的变化。教学应变中的"应"主要是指教师面对课堂教学变化所采取的种种措施，是教师教学机智的体现。

教师为什么要"变"？这是因为教学始终是处于运动状态的。教学设计要受到师生的知识、技能、心理发展等多种内部因素的影响，同时又受到教材内容与形式、教学目的、教学设备等外部因素的制约。所以，课堂教学应当根据主客观情况的变化而变化。尤其是当教学中出现突发事件时，教师必须也必然要根据实际需要，灵活地调整、改变教学设计和教学进程以适应不断变化的教学情境。所以，变是必然的，不变是相对的。教师的"变"具有一定的被动性，但只要教师积极应变就可以化被动为主动，表现出应变中的主动性。

教师学习教学应变技能还必须掌握一些教学应变的方法。广大教师在教学实践中创造了许多生动的教学应变案例，总结了许多教学应变的方法。这都可被我们借鉴。

(一) 问题转移法

学生的问题本来是提给教师的，教师可以把问题转移给全班同学或其他同学。这种方法也可以形象地称之为"踢皮球"法，即教师把学生踢过来的球再踢给学生。当然,运用这种方法的目的是为了给教师思考问题提供时间,同时借助于学生的思考来寻找解决的契机。教师绝不能以为把问题再抛给学生就可以了,这只是一种缓兵之计。最后,教师自己还必须表态,拿出自己的答案。教师进行问题转移时,可通过追问法把问题抛给提出问题的学生,也可以通过讨论法把问题抛给其他学生。

【示例 3－39】

　　有位教师在教学《鱼我所欲也》一课时,分析到事实论据之一——齐人宁愿饿死也不食"嗟来之食"时,忽听"哧"的一声怪笑。循声望去,是一个学习优秀但很有个性、很自负的男生。还没等教师责备,他自己站了起来:"老师,我认为文中的齐人是个'傻帽儿'!"看着被一语震惊的老师和同学,他接着说道:"俗话说,留得青山在,不怕没柴烧。你都快饿死了,还要什么面子!越王勾践与吴王夫差交战,战败后沦为夫差的仆役,但他卧薪尝胆,最终复国。如果没有他的苟且偷生,又怎能有中国历史上这一佳话?"一石激起千层浪,没想到这反叛的观点还赢得了一些学生的掌声。

　　此时,教师放下了书,转向大家问道:"同学们怎么看?"

　　学生思维的火花瞬间点燃。

　　一位同学立刻回击道:"嗟来之食表示的是一种带侮辱性的施舍,齐人的做法令人敬佩。人不能有傲气,但不能无傲骨。尊严是人的第二生命,失去人格苟活于世,无异于行尸走肉。朱自清宁愿饿死不食美国救济粮,他的气节弘扬了民族精神,为后人称颂。有谁会认为是傻帽儿的表现呢!"

　　另一个学生马上反驳:"尊严、人格是人的第二生命,但毕竟是第二,不是第一。一个人只要活着,就意味着还有机会,还能重新开始。只有活着才能证明自己的能力。韩信曾受胯下之辱,但他后来成为一代名将,谁会看不起他呢?"

　　又一学生针锋相对地说:"一个没有尊严的人就如一个不会发光的灯泡;一块不能正常运转的手表,尽管本质还在,徒具躯壳而已。法国作家卢梭说:'每一个真正的人都应该维护自己的尊严。'言外之意没有尊严就不算是一个真正的人。屈原以死殉国,苏武不辱使节,岳飞精忠报国,文天祥慷慨赴死……因为他们深知民族的大义、做人的尊严高于一切。"

　　学生们从尊严、人格、国格的角度,从"小得"与"大失"的角度,从什么样的利益应该得,什么样的好处不能要的角度纷纷发表自己的见解。

有许多经典的论辩令教师赞赏不已,热情地为他们鼓掌叫好。受学生们激情感染,教师也参与其中:"我们中华民族历来重义重礼,舍生取义,甚至杀身成仁。西方人以生命为重,当年参加越战的美国士兵,口袋里都装着一张小纸条,在遇到生命危险时可以展示给敌方,上面写着'我投降,请不要杀我'。随着文化交流的加强,我们的思想受到了冲击。其实,尊重生命与维护人格都没有错,在同学们未来的人生之路上,一定会遇到许许多多的选择,如得与失、利与义,甚至生与死。而面对选择的时候,都不要忘记我们是铮铮铁骨的炎黄子孙。有损国格人格、牺牲他人利益而使自己受益是不足取的。"

在上例中,教师把学生提出的问题转移给了其他学生,引导学生进行辩论。在学生们的讨论中整理自己的思路,并最终发表了总结性讲解,解脱了教学困境。

(二)话题转移法

课堂教学过程中,教师面对突发事件可运用转移话题的方法来化解。话题转移即从原来的话题转移到与之相关的其他话题,通过其他话题的探讨转移学生注意力,应对不便直接面对的突发事件。

【示例 3－40】

在高二哲学"矛盾是普遍存在的"的课堂教学中,教师正在指导学生分析教材上的一幅漫画《为看问题片面者造像》。突然,一阵笑声从学生中传来。原来一位男同学把《为看问题片面者造像》的另一部分给补起来了,而且还在四处炫耀他的杰作,惹得一部分同学忍俊不禁,笑出声来。课被打断了,教师不由心中生气。但他很快就冷静下来,他扫视了一下全班,微笑着说:"我们班有些同学不满于课本上的漫画只给人物画上了半边脸,充分发挥了自己的想象力和创造力,为人物画上了另外半边脸。针对这一情况,请同学们用哲学的观点分析一下,该同学的做法错在哪里?"学生们的注意力从刚才的事情转移到这一问题上来,并很快得出了正确答案:他的做法违背了矛盾的普遍性与客观性,是一种不敢于承认矛盾、揭露矛盾的做法。

就这样,一个课堂中的插曲圆满结束。教师没有直接批评学生,所以没有伤及他的自尊心,而这个问题的解决无形中巩固了本课所学的内容,也教育了学生本人,转移了其他同学的注意力,而且使教师的教学顺利进行。

【示例 3 - 41】

英语八年级(下)Unit 8　Why don't you get her a scarf? 第三课时 Section B 3a - 4,What are the advantages and disadvantages of keeping such a pet? 借助于幻灯片上的句子及图片提示,学生讨论发言正积极,很多学生描述了其优缺点。突然停电了,学生一下惊叫了起来。教师愣了一下,接着,就借题发挥,将话题转向了讨论有关停电的利弊。

> T：Everything has its advantages and disadvantages. Now there is no electricity. If there's no electricity, what are the advantages and disadvantages?
>
> S1：We can't have lessons. We can't listen to English.
>
> S2：We can't watch TV, watch videos, and so on.
>
> S3：It will be very hot in summer, and it will be very cold in winter.
>
> S4：I think it will save a lot of money. (突然电又来了。)
>
> T：Yeah. Just now we saved some money for our school. Anything else?
>
> S5：It will be very difficult for factories and companies to run.
>
> ……
>
> T：The electricity is very important in our daily life. We need it everywhere in our life. But we should try to save the energy for our country. Now let's have a look at these pictures again. Nowdays more and more people want to keep pets. What are the advantages and disadvantages of keeping pets in an apartment?

于是,教师又将话题引回到了原先设计的课本内容上。

在这个偶发事件的处理上,教师因势利导,借题发挥,使学生在该话题的谈论中积极发言,并促使学生密切联系学习生活实际,发表自己的见解。使该偶发事件成为了这节课的又一精彩亮点。

(三) 顺水推舟法

顺水推舟法是指教师面对突发事件时,不是依照自己原先的设计,而是顺着学生的情况,以新的教学思路展开或推进教学的方法。

【示例 3 - 42】

　　一次英语课上,教师正在教"cock"(公鸡)这个单词,突然,有个学生怪腔怪调地问："英语里有没有母鸡？"顿时班上哄堂大笑，正常的课堂秩序给搅乱了。面对这种情况，教师不动声色，仍然用平静的声调说："有，而且还有小鸡这个单词。"接着他把这两个单词写在黑板上，带领学生齐读。很快把学生的注意力引导到教学内容上来了。那个发出怪声的学生感到自己的行动并未引起大家的注意，便感到很不好意思。然后，教师把话题一转："××同学不错，不但想学会'公鸡'怎么读，还想知道'母鸡'这个词，现在全班同学都多学了两个单词，但是刚才你提问题的语调不好。"接着他又讲了英语中的语调问题。

【示例 3－43】

英语八年级（下）Unit 2　What should I do? 第一课时 Section A 1a－2c,到 1b 时,教师说：Everyone has some problems in their life. Now let's listen. What problems do they have?

教师走到已经准备好磁带的教学录音机旁,按下电源键。结果令他大吃一惊,录音机大声地播放着"最近比较烦,比较烦,比较烦,总觉得钞票一天比一天难赚,朋友常常有意无意调侃,我也许有天改名叫周转,……"(原来是有学生将录音机功能调到了收音状态,这首歌是收音机里播放的。)学生顿时一片大笑,有几个较调皮的学生还跟着录音机唱着歌词。于是,教师就因势利导,借题发挥：

T：Is it a nice song?

Ss：Yes. /No. （有些学生说 Yes, 有些说 No. ）

T：Listen carefully. What problems do they have in this song?

接着让学生听完这首中文歌曲。（大约用了 2 分钟时间）

T：What problems do they have?

接着叫了三位同学起来回答,包括刚才跟着录音机唱着的其中的一位同学。

S1：They have no money.

S2：They are sad. And they don't have enough money.

S3（就是刚才跟着唱的那位同学）：They are upset. It's more and more difficult for Zhou Huajian to make money. And it's more and more difficult for Li Zongsheng to write a good song. Xu Pinguan feels alone.

（顿时,一片掌声。）

T：Wonderful! Yeah. They have some problems. They are upset. Can you give them some advice? What should

新编教学工作技能训练

they do?

接着,教师顺势推进,继续围绕这首歌曲展开讨论。

S4：I think they shouldn't be upset. They should face their life.

T：Yeah. We should face different difficulties in our life.

S3：Maybe they could ask their companies for help.

S5：Maybe Xu Pinguan should find some new friends in the new place.

S6：Maybe Zhou Huajian should get her daughter a good math tutor.

S7：I think Li Zongsheng and Zhou Huajian should talk with their wives.

S8：I think they should write and sing more nice songs, then they could make a lot of money.

T：Good ideas. I think if they hear our advice, their life will get better and better. But what problems do they have in the pictures. Listen and circle the problems you hear in activity 1a.

于是,教师又将话题引回到了原先设计的课文内容教学上。

在上述两个示例中,这两位教师都充分发挥了自己的教学机智,采用了顺水推舟的方法,收到了意想不到的效果。这样处理既不会影响教学的顺利进行,又使学生受到了深刻的教育。

(四) 启发引导法

启发引导法是指教师运用启发引导的方法打破课堂教学僵局的方法。课堂教学中常会出现教师提问后无人回答或教师提出已准备好的方案却得不到学生认可的情况。这时为打破教学僵局,教师可采用启发引导的方法把学生引导到正确的思维路向或教学目标上来。

【示例 3-44】

徐振维老师在教《祝福》一课时,根据学生的提问让学生回答下列问题:人们为什么不同情祥林嫂? 听她说多了就讨厌,觉悟怎么那样低? 作者为什么把祥林嫂写成受人压迫、嘲弄的对象? 目的是什么? 问题提出后,学生不知如何回答。徐老师点拨说:"为了回答这些问题,我想提供两句话。第一句,文章末尾标明写作年月,1924 年 2 月,想一想,这年的前前后后发生的大事情。第二句,标题注解说,文章选自《鲁迅全集》第二卷,我作点补充,它最初发表在杂志上,后来收进《彷徨》。请思考我的话提供了哪些信息,它们可能有助于解决这几个问题。"根据徐老师的话,同学们联系五四运动、辛亥革命时期的农村社会背景,联系鲁迅的思想发展处于"彷徨"阶段的客观实际,进行热烈的讨论,圆满地解决了这几个非常重要又有一定难度的问题。

此示例中,在提出问题之后,学生不知如何回答,教师于是提供了两句话加以引导:一句作了点拨提示,一句作了补充提示。这两句提示帮助学生寻找到了思考的路径,并最终圆满解决了问题。

(五) 将错就错法

将错就错法是指教师把课堂教学中出现的错误或失误变成教学资源加以利用的方法。这种方法往往在学生不知不觉中,教师既弥补了自身的失误,又达到了教学目的。

【示例 3 - 45】

一位数学教师讲解例题时,因板书有误导致最终答案不合理,他已意识到出了差错,但他不慌不忙,将错就错地问了一句:"同学们,这个答案合理吗?"一位学生回答:"不合理。"教师追问:"那么,错在哪里呢?我们不妨来分析一下。"接下来教师在黑板的另一侧写下"正解"二字,学生们以为教师在进行错解分析呢。

【示例 3 - 46】

一位语文教师在讲《故宫博物院》时,因一时大意,将"博"误写成"搏"。板书完成他马上意识到自己错了。这时他来了个急中生智,将错就错,问学生道:"同学们,谁发现这个题目中有错字?是哪个字错了?"学生指出后,这位教师又随即对"博"和"搏"两个字进行辨析。

上述两个教例中,教师都把自己的失误变成了教学资源。两位教师通过将错就错法,不仅把失误弥补了,而且还把课上得有声有色。教师的这一做法,既引导学生注意了易犯的错误,加强了学习,又在学生不知不觉中弥补了自身失误,可谓一举两得。

(六) 巧给台阶法

巧给台阶法是指当学生在提问或回答问题出现尴尬时,教师巧妙地使学生走出尴尬境地的方法。这种方法是为了保护学生的自尊心,保护学生学习的积极性。

【示例 3－47】

> 一位学生在简介《赤壁之战》(选自《资治通鉴》)的作者时说司马迁是宋朝人,全班同学哄笑。教师却平静地说:"虽是一字之差,却让司马迁多活了一千多年,但这能全是我们同学的错吗?谁让司马迁与司马光的名字只有一字之别,谁让他们都是史学家、文学家,谁让《史记》与《资治通鉴》都是史学名著兼文学名著,谁让我们刚刚学完司马迁的文章又学司马光的文章呢?"

这位教师很好地运用应变技巧处理学生"意外"的回答。通过引导、启发、转移,不但为学生解除了"窘迫",而且引导学生深入思考问题,锻炼了思维能力,可谓一举多得。

此外,巧给台阶法也指教师在自己处于尴尬境地时,通过巧妙的话语使自己摆脱教学困境。

【示例 3－48】

> 一位物理教师为了证明大气压的存在,向学生说道:"同学们,为了证实大气压的存在,这个抽空了空气的马德堡半球当年用了八匹马都未能将它拉开。现在请两位同学来试一试。"教师说完,两个同学走上讲台用力对拉,相持不多久,球竟被拉开了。这位教师随机应变,妙补一语:"早知道你们俩的力气比八匹马的力气还大,我就该换一个较大的马德堡半球。"说完,教室里充满了快乐的气氛,解除了教师的窘境。

此教例中,教师巧妙的回答,既肯定了学生的力气大,又很幽默而不失风范地说明了自己的失误;既创造了快乐的学习氛围,又使自己解脱了教学窘境,收到了良好的教学效果。

训练提示

1. 回忆自己经历的一次教学突发事件,思考当时自己或教师是如何处理这起突发事件的,对自己有哪些启示?

2. 以班级其他同学为教学对象,教学过程中由他们故意设置一些"难题",教学者采用上述方法或其他方法进行应对,课后对这些方法运用的得当程度进行讨论。

四、教学结课技能

教学结束是任何类型的课堂教学都必不可少的组成部分。教师在课堂上完成一项教学内容或教学活动时,在下课铃将要响起前,需要对教过的内容(包括所组织的活动)进行归纳总结、概括提升、拓展延伸等,以增强教学内容的系统性,使学生对所学知识形成系统,并使学生对知识的理解向更高一层级转化、升华。教学结课是一项融"时间因素"与"技术因素"于一体的技术性很强的教学活动。

(一) 归纳式结课

归纳式结课是指在课堂教学行将结束时,教师、学生或师生共同用准确简练的语言,提纲挈领地对本节课的重点内容、难点、知识结构、基本原理、基本技能等进行梳理和概括,从而结束课堂教学的一种方式。运用归纳式结课,要简明扼要地概括本节课的主要内容,明确重点和方向,以加深学生的理解和记忆。归纳的语言不是对所讲述的内容的简单重复,而是应有所创新。语言要简洁概括,严谨而富有启发性。归纳式结课可以由教师在教学行将完毕时进行。

【示例 3-49】

> 教欧·亨利的《警察与赞美诗》一文时,在师生共同分析故事发展和人物形象的基础上,教师采用归纳式总结:"主人公苏比为了度过寒冬,千方百计争取被捕入狱。他砸碎店铺的玻璃,因为没有'拔脚便逃',警察不相信他是肇事者。他吃了白食,侍者误认为他精神不正常,懒得诉诸警察。他调戏妇女,偏偏碰上了娼妓。他拿别人的伞,又遇上了心虚的小偷。但是,正当赞美诗的旋律涤荡了他的心灵,使他重新振作起来的时候,警察却以流浪的罪名逮捕了他。世上会有如此的巧遇吗?然而,这个'巧',正是现实生活中矛盾最集中的表现,惟其如此,才表现了欧·亨利对于资本主义社会的腐朽制度、狰狞的法律和虚伪的道德的鞭挞。"

这一结尾,系统完整又简洁明了,既将课文情节加以高度概括,又揭示作者塑造苏比这一人物形象的意义;既总结了全文,又深化了课文的主旨;更为重要的是有效地培养了学生思维的条理性。

(二) 悬念式结课

悬念法是戏剧、评书、小说、影视等艺术创作中常常采用的艺术手法。通过这种艺术手法,把读者、观众的思绪"悬"起来,从而引发猜测、期待、渴望等一系列心理状态,并使之持续与延伸,以达到欲释疑团而必寻根究底之效果。悬念的艺术手法在结课艺术中也可普遍运用。悬念式结课是指教师通过设置疑问、留下悬念来激发学生学习兴趣和求知欲望、启发学生思考的一种承上启下的结束课堂教学的方式。优秀教师在结课时常常使用悬念法,使学生在"欲知后事如何"时戛然而止,给学生留下一个有待探索的未知数,激发学生的学习兴趣和继续思考的热情,让"且听下回分解"成为学生的学习期待和探索动力。运用悬念结课要注意,设置的问题应具有启发性,以疑促思,给学生留下思考的空间,激发学生的学习兴趣。在上下两节课的内容有密切联系时,更适用于悬念式结课。教师要使设置的悬念能有机地联系新旧知识,起到承上启下的作用。

【示例 3－50】

> 讲完叶的光合作用,还剩一点时间,教师给学生讲了如下的故事:从前有一个人去菜窖里取白菜,一下去就没有上来。后来又下去一个人,同样也没有上来。第三个人拿着点着的蜡烛顺着梯子下窖,才下到一半时,他大喊大叫:"有鬼!"同学们想想这是怎么回事? 到下节课就知道了。你们回家预习一下"叶的呼吸作用"吧!

【示例 3－51】

> 有位数学教师在讲完等差数列后,下节课要讲等比数列,在结束时提出:$20, 10, 5, 2.5, 1.25$…的第 10 项是多少? 这时学生马上活跃起来,有的在一项一项地算下去,有的企图寻找什么规律,这位教师就抓住此时学生的心理:其实第 10 项是很容易找到的,等下一节课你们就知道了。

在上述两个教例中,教师通过一个吸引人的悬念把学生的胃口吊了起来,但并不急着公布结果,而是顺势要求学生带着疑问回去预习。这个悬念就是学生回去预习的强大动力。这样,学生一定很想知道这里的奥秘,急切地等待下一节课,并愿意在课下预习,为上好下一节课做好了铺垫。

(三) 延伸式结课

延伸式结课是指教师把教学内容作进一步延伸拓展以结束课堂教学的方式。延伸式结课可分为由课内向课外的延伸和课内知识的延伸两种类型。课内向课外延伸是把一些与课堂教学内容密切联系而课堂上又不能解决的问题,在结课时提出来作为联系课堂内外的纽带,引导学生的思维和学习活动向课外延伸,以达到拓展课堂教学内容的目的。这种结课可以将课内知识向课外延伸,扩大学生的知识面,锻炼学生的能力。延伸式结课常常要跳出教材,把学生的目光引向课外,开辟广阔的第二课堂,让他们自己去获取知识。教师要结合教学内容,或者鼓励学生主动去探求,或者要求学生用所学知识进行实践,或者水到渠成地给学生介绍课外书,或者造成悬念引导学生到课外去获取同类相关知识,或者课内学习的是节选文字,课外则指导学生阅读原著,等等。运用延伸式结课时要注意,由课内向课外的延伸所提出的要求应是学生能够做到的,要考虑到学生能获得的课程资源,避免提出的教学要求落空。

【示例 3－52】

　　在讲到叶的蒸腾作用时,教材提到:温带地区,冬季寒冷,大部分树木的叶子脱落,以减少蒸腾作用,保持体内水分。这是树木度过寒冷或干旱季节的一种适应。教师结课时接着讲:"你们回家后作个调查,落到地面的叶子,是背面朝上的多,还是正面朝上的多。结合叶的结构及光合作用,就可以解释你所调查的现象。"

在上述示例中,教师鼓励学生结合课内所学,联系生活实际去主动探求,既有利于培养学生分析问题、解决问题的能力,也有利于开阔学生的视野,激发起浓厚的学习兴趣。

(四) 照应式结课

　　照应式结课,是教师用精练的语言对教学导入或教学过程中提出的问题进行回应从而结束课堂教学的方式。前有伏笔,后有照应。教师在教学导入或教学过程中会提出一些关键性或目标性的问题,在教学结课时需要来个总结照应。运用照应式结课,不仅要回答、照应前边提出的问题,而且要在已学习的基础上升华学生对问题的认识。

【示例 3－53】

　　讲"英国资产阶级革命"导入新课时提出:"今天的英国,国家元首是女王。英国政府各部大臣到王宫去见女王,小轿车只能坐到王宫外面,随即换上 17 世纪的古老马车进入王宫。赶马车的人是 17 世纪的穿着,王宫里的卫兵,有的头戴钢盔,有的手拿长矛,这幅景象是一个活的历史博物馆。那么,为什么 21 世纪的今天,英王宫却存在着传统的古老情景呢?通过这节课的学习来揭开这个问题。"
　　当讲完新课,在结束前照应开头:"21 世纪的今天,英王宫却存在传统的古老情景是 1640 年开始的英国资产阶级革命不彻底的象征,它通过《权利法案》确立了君主立宪制,保留国王至今,它是一个保守的资本主义国家。"

教学结课并无固定的方法,以上只是列举了几种。除此之外,还有许多方法可供教师学习使用,如朗读法、讨论法、游戏法、迁移法等。教师应根据具体教学情况灵活结课。比如,当教学内容已经完成,但时间还有多余时,教师可采用讨论式、复习式、练习式、预习式等方式进行结课,让多余的时间发挥出应有的作用。结课有法,但无定法。教师在教学实践中,既可根据教学内容、学生情况或课堂临时出现的情况灵活运用、机智应变,更应根据实际需要探索创新,创造出各种有效的结课形式。

训练提示

1. 讨论思考一下教学结课除了上述方法外,还有哪些方法,并通过实例加以说明。

2. 选择一教学材料进行一次相对完整的教学,突出注重结课的方式方法,并在课后听取其他同学或教师的评判意见。

思考与练习

1. 教学导入包括哪些技能? 每种技能包括哪些实施方法?
2. 板书书写技能的要求主要有哪些?
3. 什么是教学应变技能?
4. 教学应变的方法主要有哪些? 在实际教学中如何应用?
5. 教学结课的方法有哪些?

第四章
教学媒体选用技能

本章目标

1. 了解教学媒体的含义与种类。
2. 了解教学媒体在教学中的作用。
3. 掌握教学媒体选择的依据和方法。
4. 掌握信息技术与学科教学整合的基本模式。
5. 了解信息技术与学科教学整合的注意事项。

教学是由教师、教学媒体、学生等基本要素构成的。在教学活动中,教学媒体担负着媒介作用,将教师与学生紧密联系在一起。教学媒体选用恰当,教学目标才能够实现,师生之间的关系才能进入良性运行轨道;反之,则教学目标难以达成,师生之间的关系有可能陷入紧张状态。

一、教学媒体概述

(一) 教学媒体的含义

教学媒体,也叫作教学工具,通常也称教具。教具,顾名思义,就是"教学过程中可借以辅助教学活动的用具。它包括传统的教科书、标本、模型、图表等,现代化的有电影、电视、投影、录音、录像以及计算机等设备。"①它们都是教学过程中承载和传递教学信息的媒体,其性能、特点、使用方法对教学效率有很大影响。

根据以上定义,教学媒体可分为传统教学媒体与现代教学媒体两类。传统教学媒体,主要是指黑板、挂图、标本、仪器、文字教科书,等等。现代教学媒体,主要是指教学上使用的电子技术媒体。现在,现代教学媒体受到越来越多学校和教师的关注。它由两部分构成,即硬件和软件。硬件是指各种教学机器,如幻灯机、投影仪、录音机、电影放映机、电视机、电子计算机,等等;软件是指已制作好的、载有教学信息的幻灯片、投影片、录音带、电影片、录像带、计算机软件,等等。

---

① 《教育大辞典》,上海教育出版社 1997 年版,第 698、764 页。

现代教学媒体大致可以分为四类：光学媒体，有幻灯机、投影仪等，及其相应的教学软件；音响媒体，有收音机、扩音机、无线话筒、录音机等，及其相应的教学软件；声像媒体，有电影放映机、电视机、录像机等，及其相应的教学软件；综合媒体，有语言实验室、程序教学机、学习反应分析机、计算机教学系统等，及其相应的教学软件。

这些类别的教学媒体相辅相成，互相配合。每种教学媒体都有其功能、特点和局限，在使用时要根据教学需要恰当选用或综合运用，扬长避短，求得最佳组合。同时，教师要熟练掌握各种教学媒体的使用方法，以使其更好地为教学服务。

（二）教学媒体的发展阶段

媒体的发展与人类文化、科技发展是密切相关的，它伴随着教学活动的发展而展开。在这一发展进程中，教学媒体呈现出由实物直观到文字抽象再到抽象直观的基本走向。根据教学发展的历史线索，可以把教学媒体的发展划分为原始教学媒体阶段、古代教学媒体阶段和现代教学媒体阶段。

1. 原始教学媒体阶段

在这一阶段，教学媒体包括人体各部分的器官、生产和生活用具、各种事物，以及口头语言。新的教学媒体——文字还处于萌芽状态，谈不上真正的应用。作为人类最古老的教学媒体，形象直观是它们的最大特点。其局限性是这些媒体运用于具体的生产和生活过程中，离不开人类的亲身传授，不能超越时间和空间传递教学信息，因而效率很低。

2. 古代教学媒体阶段

这一阶段从人类进入古代阶级社会一直到 17 世纪末。在这一时期，文字书本的出现及其在教学上的应用是教学媒体的一大进步。文字书本突破了信息传递的时空限制，克服了口头语言不能脱离传授者的局限，并具有信息量大、便于携带和保存的优点而成为教学中的主要媒体。但由于文字较抽象，与客观世界存在一定的差距，再加上常年不变的单一教学方式，容易造成教学枯燥、僵化、乏味并脱离生产和生活实际。

3. 现代教学媒体阶段

这一时期从捷克教育学家夸美纽斯的《世界图解》出版至今，也是现代教学和教育技术的产生和发展时期。具体又可分为以下三个时期：

第一时期是从 17 世纪末至 19 世纪末。这一时期的主要成就有：确立了直观性教学原则。在教学中自觉设计、制作和使用了专门的直观教学媒体，如夸美纽斯出版的插图教科书《世界图解》，瑞士教育家裴斯泰洛齐设计制作的直观教具算术箱，德国教育家福禄贝尔为幼儿教育设计的发展幼儿感官、智力的恩物等①。

第二时期是从19世纪末到20世纪50年代。在这一时期电教媒体被逐步引入教学,教学媒体开始出现电子化和现代化的特征,有关的理论研究也逐步加强。19世纪末,幻灯进入了教育领域。进入20世纪后,电子科学技术飞速发展,电子化媒体不断涌现并广泛应用于教学实践,推动了教学媒体由视觉媒体、听觉媒体向视听结合媒体发展。先是幻灯、投影、留声机、广播,接着就是无声电影和有声电影,从而掀起了视听教育的热潮。作为这一时期的核心媒体的电影,由于具有视听结合、直观、形象、生动、感染性强等特点,在20世纪40年代得到了广泛的应用。但由于设备昂贵以及影片制作成本高、制作周期长等局限,使得它在电视、录像这些更为经济的、方便的媒体出现之后便退出了教学领域。同时,由于视听媒体被大量引入教学领域,广大教育工作者对媒体的使用方法及效果等问题也进行了研究,从而总结了一系列的视听教学法,并提出了相应的理论依据。

第三个时期为20世纪50年代至今。在这一时期,电子技术、通信技术、信息处理技术飞速发展,现代教学设备不断完善,教学媒体由视听结合媒体发展到多媒体综合运用,由单向传递发展到交互作用。20世纪40年代末,电视机和计算机问世,但由于技术方面的原因,直到五六十年代,电视机和程序教学机才进入教学领域。20世纪90年代以后,由于网络技术的发展,网络化教育正改变着教学的方方面面,出现了电子空间学校、多媒体网络教室、计算机远程教学等教学形式。在理论方面,信息论、系统论、控制论被引入教学领域,并吸收了心理学、传播学、美学、教育学等领域的新成果,通过对比试验和理论论证,从多角度分析、探索了教学媒体的优化组合、表现形式、适用条件和适用效果等。作为这一时期核心媒体的电视机和计算机各有自己的优缺点。信息量大、传输效率高是它们的共同特征。计算机由于具有更好的人机交互性、能更好地满足个性化需求等特点而使其有了更为广阔的发展。

总之,在现代教学媒体阶段,教学媒体从理论到实践都有了突破性的进展,教学媒体的种类日益丰富,功能也日趋完善。同时,教学媒体的大发展,也提高了它在教学中的地位,引发了人们进一步具体、深入地探讨教学媒体的有关理论,促进了教育技术的形成与发展。

(三) 现代教学媒体的功能

1. 提高教学效率和教学质量

应用现代教学媒体可以充分调动学生的积极性,使学生能与教师、教学内

---

① 恩物是福禄贝尔开发设计的经典教具,共由14套形状各异的教具组成,可根据幼儿的发展阶段,从简单到复杂循序渐进地开发他们的各种能力和潜质。

容、教学环境进行有效的互动,促进学生的认知过程,提高教学效果。教学媒体经过精心设计与制作,可以提高单位时间内的教学信息量,并通过丰富多样的形式传递教学信息,使学生能够学得更快、更好。例如,数学教师自制的"奇函数图象关于原点对称、偶函数图象关于 y 轴对称"的活动投影片,可以翻折旋转,用电脑软件讲解"指数函数和对数函数",将函数图象的本质特征、变化规律通过屏幕展示给学生,这样就使得枯燥的知识变得生动起来,更容易吸引学生积极主动地参与教学活动,从而提高教学的质量和效率。

2. 扩大教学范围和规模

现代教学媒体不受时间和空间的限制,可以让学生在不同时间、不同地点学习知识。现代教学媒体特别适合那些因特殊原因不能在指定时间和地点学习的人。他们可以通过现代教学媒体根据自身需要和认知风格完成学习任务。利用现代教学媒体进行教学,可以扩大教学信息的传播范围,提高信息的利用率。借助现代教学媒体,一个教师甚至能同时教成千上万的学生,大大节省了师资、校舍和设备,扩大了教学的规模。

3. 激发学生的学习兴趣和动机并拓展其思维

现代教学媒体种类繁多,表现形式也多种多样。它们通过呈现色彩鲜艳的画面、优美动听的音乐将知识栩栩如生地展现在学生面前,为知识的传授增加了许多乐趣,从而激发了学生的学习兴趣和动机。学生可以一边欣赏音乐,一边观看画面,使学习和娱乐结合到一起,为顺利开展教学活动起到铺垫作用。另外,教学媒体通过对教学内容的生动展现,促进学生的想象,拓展了学生的思维空间。

4. 转变师生的角色及观念

在传统的教学观念中,教师是知识的传授者,学生是知识的接受者。如今,现代教学媒体的使用,扩大了知识传送的范围。教师可以通过教学媒体引导学生进行探究性学习。对教师来说,已不再是教学生学习的问题了,而是教学生寻找信息,使这些信息相互联系起来,并且以批判的精神对待这些信息。学生可以在教师的引导下独立完成学习任务。教师从知识唯一的传授者转变为引导者、帮助者、研究者,学生也从知识的接受者转变为探究者。学生对教师的依赖程度减少,教学资源得到合理使用,师生关系也朝着良性的方向发展。

训练提示

选择一个运用教学媒体进行教学的案例,分析教学媒体在教学中发挥的作用。

二、教学媒体的选择与运用

(一) 教学媒体选择的依据

为了达到预期的教学目标,在丰富多彩、功能各异的教学媒体中选择哪一种或哪几种的组合才最为合适、最为有效呢? 以下是选择教学媒体的一些基本依据。

1. 教学目标

每个单元、每个课题或项目都有一定的教学目标,即具体的教学要求,比如要使学生了解某个概念,或明白某种原理,或掌握某项技能,等等。为达到不同的教学目标,常需使用不同的媒体去传输教学信息。以外语教学为例,让学生掌握各种语法规则与让学生能就某个题材进行会话是两种不同的教学目标。前者往往采用教师讲解,辅以板书或投影材料,使学生在井井有条的内容安排中形成清晰的语法概念;后者往往采用角色扮演并辅以幻灯或录像资料,使学生在情景交融的沟通条件下掌握正确的言语技能。但假如是为了纠正学生的外语发音,则最好采用录音媒体了。

2. 教学内容

各门学科的性质不同,适用的教学媒体会有所区别;同一学科内各章节的内容不同,对教学媒体也有不同的要求。例如,在语文学科中讲读那些带有文艺性的记叙文,最好能通过教学媒体再现课文的情境,使学生有身临其境的感受,以唤起他们对课文中的人物、景象和情节的想象,使之加深理解和体会。又如数学、物理等学科的概念、法则和公式都比较抽象,要经过分析、比较、综合等一系列复杂的思维过程才能理解,最好能借助教学媒体将其变化过程形象、生动、完整地展现出来,以加深学生的理解。

3. 教学对象

不同年龄阶段的学生对事物的接受能力不一样,选用教学媒体必须顾及他们的年龄特征。例如,小学生的认知特点是直观形象的思维比逻辑抽象的思维发达,注意力不容易持久集中,对他们可以较多地使用幻灯、电影和录像。幻灯片要生动形象、重点突出、色彩鲜艳,每节课使用的幻灯片数不宜过多,解释要细致些;使用录像和电影最好选用短片,动画镜头可以多一些。随着年级的升高,学生概括和抽象的能力发展了,感知的经验也逐渐丰富起来,注意力持续集中的时间延长,为他们选用的教学媒体就可以广泛一些,传递的内容可以多一些分析、综合、抽象、概括,重点应放在揭示事物的内在规律性上,同一种媒体连续使用的时间也可长些。另外,在两种效果接近的媒体中进行选择时也可适当考虑学生的习惯和爱好。

4. 教学条件

教学中能否选用某种媒体,还要看当时、当地的具体条件,包括资源状况、经济能力、师生技能、使用环境、管理水平等因素。录像教学具有视听结合、文理皆适的优点,但符合特定课题需要的录像片是不是能找到呢? 语言实验室是一种极其有效的外语教学媒体,但并非每个学校都有能力置备,因陋就简采用录音机代替也是可以的。使用计算机辅助教学效果很好,但除了需要资金购买计算机外,还得对教师进行培训。若教室不具备遮光设备,连价廉物美的投影、幻灯都用不上。有的单位管理混乱,结果使不少已经置备的现代教学媒体利用率不高,导致资源浪费。

(二)教学媒体选择的方法

教学媒体的选择有各种不同的方法,以下是几种常见的方法。

1. 问题表

问题表实际上是列出一系列要求媒体选择者回答的问题,通过逐一回答这些问题,来选择适用于一定教学情景的媒体。具体可参见以下问题:

所需媒体是用来提供感性材料还是提供练习条件? 该媒体是用于辅助集体讲授还是用于个别化学习?

媒体材料与学生的认知水平相一致吗?

教学内容是否要作图解或图示的处理?

视觉内容是用静止图像还是活动图像来呈现?

活动图像要不要配音? 是用电影还是录像来表达视听结合的活动图像?

有没有现成的电影或录像以及放映条件?

问题表列出的问题根据实际情况可多可少,可按逻辑排序,也可不按逻辑排序。这种方法出现较早,并为其他一些选择方法奠定了基础。

2. 矩阵式

矩阵式通常是两维排列,如以媒体的种类为一维,教学功能和其他考虑因素为另一维,然后用某种评判标准来反映两者之间的关系。评判标准可用"适宜"与否以及"高、中、低"等文字表示,也可用数字和字母符号表示。美国心理学家加涅提出的常用媒体教学功能表(见表4-1)是其中一个例子。

表4-1 常用媒体教学功能表

功能 \ 种类	实物演示	口头传播	印刷媒体	静止图像	活动图像	有声电影	教学机器
呈现刺激	Y	Li	Li	Y	Y	Y	Y
引导注意和其他活动	N	Y	Y	N	N	Y	Y
提供所期望行为的示范	Li	Y	Y	Li	Li	Y	Y

功　能 ＼ 种　类	实物演示	口头传播	印刷媒体	静止图像	活动图像	有声电影	教学机器
提供外部刺激	Li	Y	Y	Li	Li	Y	Y
指导思维	N	Y	Y	N	N	Y	Y
产生迁移	Li	Y	Li	Li	Li	Li	Li
评定成绩	N	N	N	N	N	Y	Y
提供反馈	Li	Y	Y	N	Li	Y	Y

注:Y—有此功能;N—无此功能;Li—功能有限。

3. 流程图

流程图法是以问题表法为基础的,它将选择过程分解成一套按序排列的步骤,每一步骤都设有一个相应的问题并标有"是"与"否",在使用者回答"是"或"否"后,根据问题逻辑被引入不同的分支步骤,回答完最后一个问题就会至少有一种或一组媒体被确认为是最适合的教学媒体,如图 4 - 1 所示:

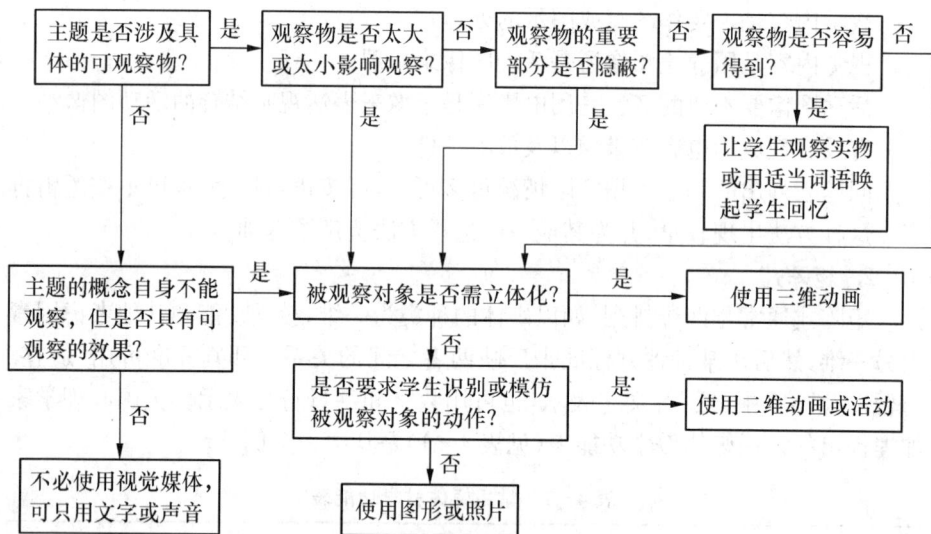

图 4 - 1　视觉媒体选择流程

4. 经验之塔

"经验之塔"是美国视听教育家戴尔提出的,它将媒体提供的学习经验进行排列,形成金字塔状,由下而上分为 11 个层次。"塔"的最底层的内容提供的学习经验最直观、具体,逐层上升直接感觉的程度越来越下降,趋向抽象的程度越来越高,如图4-2所示。位于"塔"中间的那些视听教材和视听经验,比上层的言语和视觉符号更具体、形象,又能突破时间和空间的限制,弥补下层各种直接经验方式的不足。

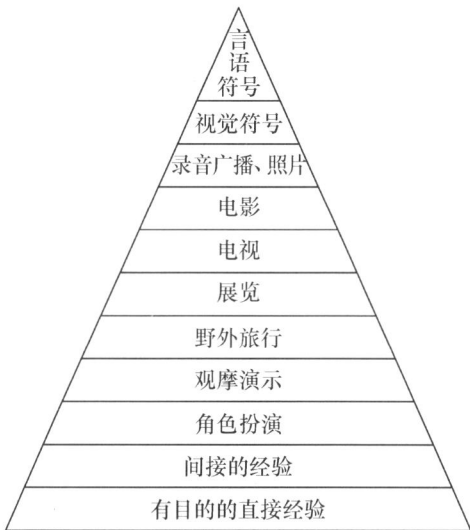

图4-2 经验之塔

(三) 教学媒体的运用

选择了最适合的媒体不等于有了最佳的效果。为了获得最佳教学效果,还必须科学使用教学媒体。根据使用媒体场景的特点,教学媒体的使用可分为两类:一类在学校课堂教学中使用,另一类在远距离教学时使用,如远距离广播电视教学和远程计算机网络教学等。

1. 教学媒体在课堂教学中的使用

教学媒体的使用一般包括准备、预演、课堂展示和反馈强化等几个环节。

(1)准备。选好教学媒体后,教师就要为教学做准备了。准备工作包括:①环境准备,就是要落实使用媒体的场所及相关设备条件,如用投影就必须准备银幕,看教学电影要跟有关单位和人联系,确定场地等;②准备教学媒体材料,包括硬件和软件,其中有些没有现成的,还要设法制作或购买,如选用投影,就需准备投影仪及与教学内容密切相关的碟片;③做好使用教学媒体的教学计划,也就是要写出详细的教案,教案内容应有演示教学媒体的目的、内容、时间(包括什么时候开始用、大概演示多长时间)、过程及相关的解说等。

(2)预演。在正式上课前,教师应事先演示一下整个教学过程。通过预演,达到以下目的:①熟悉教案,并检查教案的安排是否科学合理,如具体确定与教学内容相联系的媒体信息及特点,媒体演示所要花费的时间,明确演示过程中可能会引起学生疑问的地方等;②检查媒体材料的准备情况,如应用的教学软件、电影碟片等是否准备齐全,是否适合内容需要和学生特点等;③检查教室环境,如检查电路电线、灯光照明、教室空间大小、师生座位排列等。

(3)课堂展示。课堂展示是具体应用教学媒体的过程。教师在展示教学媒体时,要想取得比较好的效果,应注意:①教师本身就是一个媒体,要充分利用自己的语言、表情、动作辅助教学媒体传达教学信息;②注意选择一个比较好的位置和姿势,不能影响媒体的展示效果,如展示图片时不能遮挡学生的视线,放录音时不能和学生或他人在课堂上谈话,演示投影图像要利用一些手势引导学生观察,等等;③要配合相应的教学方法,熟练运用媒体,充分发挥各种媒体的优越性,如演示投影时,适当配合讲授、提问、练习等方法比单纯让学生观看效果要好;④控制学生注意力,如果学生注意力不集中,教学媒体演示的信息再多、再丰富,意义也不大。因此,在整个展示过程中,教师应始终控制学生的注意力。

(4)反馈强化。教学媒体展示的最终目的是引起学生的积极反应。媒体展示完毕,教师应让学生把感受和反应反馈给自己,一是给学生提供参与的机会,强化媒体给他们带来的感受;二是检查媒体的使用有无达到目的,以便发现不足,总结经验教训。

2. 远距离教学

远距离教学是一种相当开放的教学形式,与课堂教学比,它在内容、方法、规模上有很大的自由度。它所使用的都是现代化的信息通讯媒体,如电视、计算机、通讯网络等。目前教学媒体在远距离教学中的使用主要有以下几种形式:

(1)把教师直接"请到"每一个学生的家里来"讲课",是指教师课堂讲授的直播和实况录像,如广播电视讲座。其特点是即时性强,制作方便、简单,但教学方法单一。

(2)把教学内容制作成集声音、图像、动画、字幕一体的电视片、录像带或学习软件,如各种科教电视、电影片和教育类光盘等。这种形式需要按严格的编制程序制作,制作难度较大,但形象生动,教学效果比较好。

(3)利用通讯网络,建立网络学校,进行远程教学。它的特点是学生自主学习的余地较大,可根据自己的实际情况确定学习的步骤和进度;在学习过程中,教师和学生能双向交流,学生碰到问题的时候,可随时向教师请教,教师也能在较短的时间内把意见反馈给学生。

在远距离教学过程中,为了充分发挥现代化教学媒体的作用,应注意:(1)精心制作教学节目和教学媒体材料,保证教学的科学性和艺术性相统一;(2)课程内容应切合学生学习需要,大量吸收和反映最新的科学研究成果;(3)合理安排教学时间,保证大多数人有条件收看和参与;(4)有组织地进行教学,注意经常和学生沟通,做好辅导、考核和教学反馈等工作。

三、信息技术与学科教学整合

信息技术与学科教学整合是伴随着信息技术在课堂教学中的广泛应用,以及课堂教学改革的要求逐步发展起来的。信息技术是指应用信息科学的原理和方法对信息进行获取、传输、处理和应用的技术,它覆盖了微电子技术、计算机技术、通讯技术和传感技术而成为一门综合技术和方法体系。在中小学教育实践活动中,一般是指以多媒体计算机技术和网络技术为主的现代信息技术。"整合"的主要含义是结合、融合、集成、成为一体、一体化等。信息技术与学科教学整合是指在课堂教学过程中,把信息技术、信息资源、信息方法、人力资源和课程内容有机结合,共同完成学习任务,促成课堂教学形态的变革和新教学模式的形成。

(一)信息技术与学科教学整合的基本形式

1. 利用现有的信息技术工具进行整合教学

谈到信息技术与教学结合,教师大多想到的是要为一节课制作一个课件,但是由于课件使用的灵活性不大,而且在实施教学前要做大量的准备工作,常花费教师较多的时间,并且难以达到预期的教学效果,教师的积极性不高。其实,信息技术尤其是计算机本身就具有多种工具,教学中可以充分利用这些工具,发挥其强大的教学功能。例如,小学低年级利用智能 ABC 打字,中年级利用 Excel 进行数据分析或利用图表工具学习制作统计图表,高年级利用计算器进行数学验算或利用画图工具来学习几何图形等,均是充分挖掘了计算机中现有的工具进行学科教学。这样,既达到了学习和应用技术的目的,又较好地促进了学科知识的学习,同时还有效地激发了学生的学习兴趣。

【示例 4-1】

教师在进行《环保中的数学问题》一课的教学时,往往把重点放在统计图表的认识和绘制上。结果教师教得很辛苦,学生花了很多时间去画图制表,却对统计图表的意义和如何利用这些图表获得有效信息研究得较少。而后者恰是统计知识教学的主要目标。利用计算机中的图表工具,只要输入相应的数据,计算机在几秒钟之内便自动产生统计图,而且可以根据需要产生不同形式的统计图表。这样可以将更多的时间放在对数据变化趋势的分析和推断上,培养学生的分析应用能力。实践表明,学生通过整合教学,既达到了学会看统计图,能根据数据的变化作出适当的分析和推测,并提出自己的建议的数学学科教学目标;又达到了学会用计算机图表工具制作统计图的信息技术教学目标;还培养了良好的环保意识,激发了使用计算机的兴趣。短短四十分钟,完成了原来至少要两节课完成的学习任务,大大提高了教学效率。

2. 利用信息技术的加工功能进行整合教学

计算机具有较强的信息加工功能,利用这一功能可以让学生对信息进行整理、加工和再应用。让学生在大量信息中快速提取有用的信息,从而培养其信息加工能力和流畅的表达能力。例如,小学低年级可利用计算机画图配字表达自己的想法;中年级可以通过上网查找、下载资料,利用 Word 制作出学习汇报材料;高年级可通过多种形式搜集资料,处理信息,制作网站。

【示例 4‑2】

《衣、食、住、行五十年》一课的教学就充分利用了计算机的信息加工功能。课前,教师制作了一个专门介绍新中国五十年来巨大变化的主页,里面有许多资料、图片和数据。学生可自由选择其中感兴趣的主题和相应的资料来研究,最后以小组合作的形式完成研究报告。在这节课里,学生在网络中搜集相关材料,包括文字、图片、动画等,然后根据学习目标筛选信息,并对选取的信息进行分析加工,然后将其进行组合和再创造,最终得到学习成果。有的学生还把学习成果制作成网页。在这里,计算机一方面在学生的学习过程中扮演“信息工具”的角色,促使他们的信息素养得到提高,另一方面以“出版工具”的角色出现,帮助他们整理知识,综合应用所学的语文写作、美术绘画和欣赏等多项知识完成研究报告,使知识内化。

3. 利用信息技术进行模拟试验的整合教学

随着信息技术的飞速发展,新技术在教学中的应用更为学生的探索和学习提供了强有力的支持。许多在现实中很难做到的实验,可以通过计算机来模拟,从而给学生以真实感,促进学生掌握知识、发展能力。

【示例 4-3】

　　小学数学"可能性的大小"一课,所涉及的数学知识——概率是极为抽象的内容,为了让学生能更好地理解这一知识,并真正提高应用能力,在教学中可采用两项策略:一是创设具体情境,让学生改变角色,以商场老总的身份来选择促销方案;二是利用计算机来进行大量重复的模拟试验,体验概率的含义,帮助做出正确的决策。由于计算机可以帮助得出成千上万的模拟结果,也可以快速、准确地对数据进行分析、统计,因此将计算机技术整合到"概率的认识"中后,学生无需进行大量的重复实验和繁琐的计算,提高了学习效率,还更容易理解学习"概率"的意义,体验到大量的重复试验会使结果更为精确,有助于做出合理的决策。更为重要的是,通过整合,学生真切地认识到信息技术应用的重要性和学习方式革命的紧迫性。

4. 利用信息技术进行研究性学习和协作学习

　　研究性学习是指学生在教师指导下,从自身生活和社会生活中选择和确定研究专题,以类似科学研究的方式主动地获取知识、应用知识、解决问题。研究性学习的过程是一个人际沟通与合作的过程。其目的是为了更好地培养学生信息搜集和处理的能力,发展创新精神,获得亲自参与研究探索的积极体验,并提高沟通与合作能力。协作学习是指学生以小组形式参与,有共同的学习目标、在一定的激励机制下为获得最大化个人和小组习得成果而合作互助的一切相关行为。计算机网络技术为更好地开展研究性学习和实现协作式学习提供了良好的技术基础和支持环境,如提供丰富的研究资源、创设生动的研究情境、大大地扩充协作范围、提高协作的效率、改革学习的方式等。

【示例 4-4】

　　《北京奥运——我们的期盼》就是利用网络开展研究性学习、提高协作能力的典型案例。该课例以学生为研究主体,以小组活动为主导方式进行。学生们先通过网上浏览、图书查阅、调查访问等形式搜集有关奥运及申奥方面的信息,在此基础上通过小组讨论确定本小组的共同研究主题;然后小组成员根据主题进一步多渠道搜集、分析、整理有关信息,提出设想和建议,再利用信息技术将上述内容制作成极具个性的网站;最后全班各小组展示成果,汇报收获,交流心得。整个活动历时两周,学生表现出极大的研究热情,克服了无数困难。各小组均制作了独具特色的申奥主页,内容涉及广泛。本次活动圆满完成预定任务,对学生的发展产生多方面的良好影响：在认知领域中，拓宽了知识面，提高了综合运用知识解决实际问题的能力，包括用 IE 浏览和检索信息、收发 E-mail，用 Word 编辑排版，用 FrontPage 网页制作，用 Cool3D 动画制作和 Photoshop 图像处理。增强了语言文字组织、数据处理、版面设计和美化等能力；在人际交往领域中，学会尊重、倾听、说服、交流和沟通；在情感态度领域中，增进了相互间的友谊，锻炼了克服困难的毅力，提高了学习自信心。可以说，这是对学生已有知识、能力的一次大检阅。

在以上这些典型的课例中，信息技术都以工具的形式与整个教学过程有机地融合在一起，直接为教学目标服务。而且在整个教学过程中，学生的主体性和个性得到较大的体现，这样的教学氛围十分有利于学生创新精神和问题解决能力的培养。

(二) 信息技术与学科教学整合中需克服的问题

实践证明，信息技术对实际教学工作有巨大的推动作用，但是在实际操作过程中，也存在着一些需要克服的问题。

(1) 应避免在教学过程中片面追求手段和技术而忽视先进教育理念的指导。多媒体课件的画面形象生动、图文并茂，声音悦耳动听，对学生的感官会产生一定的刺激作用，能够大大提高课堂教学效果。因此，很多教师在上课时重用多媒体，而忽视了先进教育理念的指导。教学是师生互动、生生互动的过程。有的多媒体公开课，课件内容非常丰富，一节课安排得很满，内容的科学性也比较高，但是在教学过程中，起初学生还很感兴趣，可是过了一段时间，学生的学习兴趣明显下降。其中的原因是师生互动太少了，老师和学生努力睁着眼睛瞪着画面，时间一长新鲜感就会消失，并容易感到疲劳。按照认知学习理论的观点，人的认识不是由外界刺激直接给予的，而是由外界刺激与人的内部心理过程相互作用产生的，因此必须发挥学生的主动性、积极性，做到师生互动、人机交流。只有这样，学习效率才能提高。

(2) 应避免在课件制作和网络化教学中单纯追求形象直观、动感和色彩而忽视学科内容特点的倾向。有的课件制作和网络化教学突出了形象直观，追求课件的形象性、生动性，而忽视学科教学自身的特点，教学效果没有明显提高，教学任务也没有完成。所以任何脱离教学实际、片面追求课件的生动性的做法都必须纠正。教师应按照学科教学目标、教学内容的要求并根据学生的年龄特征、认知特点，在教学活动进程中充分利用多媒体计算机的交互性和主动参与性，并恰当地利用外部刺激的多样性来设计新型教学模式，突出学科知识特点，发挥各种设备的最大潜力,实施高质量和高效率的教育教学,达到教学系统的最优化。

（3）应避免向学生罗列知识点过多而忽视质量反馈的倾向。运用信息技术,可以方便快捷地获取大量的信息。正因为如此,很多教师在运用多媒体讲课时,盲目加大知识量,没有给学生留下思考和反馈的时间。长此以往,学生的学习效果和学习能力将逐渐降低。从教育心理学角度来看,一个正常人在 45 分钟时间内能够接触和理解的知识以及要培养的能力都是有限的。多媒体技术只是达到教学目的的手段,不能为多媒体而多媒体。要科学地控制信息量,利用多媒体技术创设教学情景,激发学生的学习动机,围绕教学重难点,分组合作。强调交互式学习,强调学生主动探索,强调教师作为帮助者,强调冲破传统的课堂时空限制,强调质量信息的反馈。也就是在运用信息技术授课时,要留给学生思维和活动的时间及空间。

训练提示

从信息技术与学科教学整合的四种基本模式中选择一种进行教学设计,并预设在实际运用时可能出现的问题以及解决问题的方法。

思考与练习

1. 什么是教学媒体?
2. 教学媒体有哪些作用?
3. 教学媒体选择的依据有哪些?
4. 教学媒体选择有哪些基本方法?
5. 如何认识和运用信息技术与学科教学整合?

第五章
教学观察技能

本章目标

1. 记忆教学观察的含义。
2. 了解教学观察的基本环节。
3. 掌握课上观察的技能,并能在实际中灵活运用。

教学观察也称为听课、观课,是指教师(观察者)带着明确的目的,凭借自身感官(如眼、耳等)及有关辅助工具(如观察表、录音录像设备等),直接从课堂情境中收集资料,促进对教学的认识以及自身成长的一种方法。教学观察是一种科学的观察,它不同于一般意义上的观察,即日常的观察。后者是个体在实践中有意识或无意识地自然习得的一种能力,因此个体或多或少都掌握一些。而教学观察则是在一般观察基础之上发展起来的一种特殊的技术。它有明确的观察目的,除了运用个体的眼睛、心智之外,往往还要借助于一些特制的观察工具,观察前有明确的目的并经过精心的组织与设计,从而使其获得一般观察无法达到的对事物洞察的深度和广度。教学观察是一个系统的、连续的过程,它是由一系列关联性的环节组成的。一次比较完整的教学观察活动一般可分为课前准备、课中观察和课后分析三个依次相连的环节。

一、课前准备

在正式进入课堂进行教学观察之前,观察者需要有所准备,要做到有"备"而来。例如,听课教师要对准备听的课、将要接触的师生等情况有所了解,这样对于课堂上可能发生的事情,以及应该如何去解释,也就在一定程度上有了预先的认识。

(一)业务准备

观察之前的业务准备并不只是熟悉大纲、教材和上课教师的教案,它包括以下内容:

1. 了解教材结构和学科教改信息

观察者要准确把握所观察之课的教材结构,这样在课堂观察时就会心中有数,观察效果才会更好。不管是否与上课教师从事同一学科的教学,观察者都有必要事前翻阅该课程的课程标准,细读教师的教案设计和教学参考,了解这堂课所教的内容在整个教材体系中的地位,知识与知识的联系及结构,等等,以尽可能把握其中的内在联系。观察前应做到三个"弄清"、三个"准确"、一个"灵活"。三个"弄清"是:弄清教学目的;弄清规定的知识体系,了解该课内容在整个教材中的地位和作用;弄清限定的知识范围和深度。三个"准确"是:对本学科教材体系和教学内容认识准确;对教材重点、难点把握准确;对课后训练目的掌握准确。一个"灵活"是指灵活地看教师组织和选择教法。①

此外,观察者也要通过各种途径了解新课程改革对学科教学的要求,了解学科教学改革的最新动态,以全面把握学科教学的特点。对于同学科的听课教师而言,如果课前准备的时间较为充足,不妨把自己摆在执教者的位置上,做到熟悉教材,明确教学目标,并提前构思好自己的教学程序,打好设计腹稿,以便对比优劣,讨论反思:假如我上这节课,如何加工教材,如何选择教学法,如何优化课堂结构,如何突出教学重点、突破教学难点。条件允许的话,听课教师还可以将自己设计的教学流程文字化,如写出简明的教案备用。

2. 制订客观合理的听课标准或指标

制订一定的观察标准或指标,不仅可以为观察者提供基本的方向和指南,还可以为之后的评价提供客观可靠的依据。观察的标准可以是定性的,也可以是定量的。原则上以定量为主,因为定量指标的科学性更容易为人所认可。对于某些无法用定量指标来衡量的内容,建议用细化的定性标准。例如,我们常把课堂的教学目的、内容、方法、组织实施,以及教学效果等方面综合起来考察一堂课,因此可以把这些内容设计成一个观察指标体系,这样更有针对性。

3. 了解上课教师的有关情况

在进入课堂之前,观察者应该适当了解上课教师的有关情况,如教师的教龄、文化程度、职称职务、业务水平、教学经历,等等。了解这些,会使观察者对于教师的评判建立在相对客观、公正的基础上。而且,观察者也要尽可能地去了解教师在课前的准备情况,如他对于课程标准的理解,对于教学目标的定位及其形成基础,对于本次教学活动环节的设计和安排,等等。通过分析教师的教学设计,能够解读出隐藏在教师背后、内在的教育观念,如学生观、教师观、教学观、评价观,等等。听课者在与教师谈话的过程中要善于挖掘这方面的深层观念,因为它们直接影响着教师的教学活动。

---

① 曹德霞、董君华:《听课七要》,《教学与管理》2002年第14期。

4. 了解学生的现有状况

多了解学生的特点，能在一定程度上减少观察过程中误判发生的可能性。对教材的熟悉程度和预习状况不同，学生在课堂上的反应显然是不一样的；不同学习能力的学生，在课堂上的接受情况也是有区别的；而来自不同家庭背景、不同区域的学生，其学习习惯也会有差异。因而，观察者需要事先了解学生现有的学习水平、学习态度和学习能力，以及学生对将要学习的知识的准备情况。同时，还要了解学生所在班级的类型、特点和水平。这样，对于学生课上的行为表现会得出一些初步的解释。尤其是非本校的观察者，则非常有必要在课前与该校的学生及教师做一些交流，大致了解一下"学情"和"教情"。只有这样，观察才能做到心中有数，才能在观察过程中看出执教者在面对不同情况的学生时的优点和缺点，观察效果也就更好些。

5. 检视自己的教学观念

在走进课堂观察前，每一个观察者对课堂教学的认识不会是一片空白的，而是都会有一定的认识，只不过这些认识因人而异，或多或少，或精辟或粗浅，或外显或内隐。这些关于课堂教学的认识，对观察者的行为会产生重要的影响。例如，一个追求"学生中心"、"民主课堂"的教师，会对"一言堂"深深反感；一个强调能力与知识并重的教师，也不会喜欢过于关注知识的教学。所以，每位观察者都应该在观察前反思、审视一下自己对课堂的认识程度，以减少对课堂上所发生行为的误解，或不能正确地把握课堂的各个方面。在反思自己对课堂认识的基础上，观察者还要反思自己的教学观念，梳理一下自己对教学是怎么看的，期望课堂上发生什么，不赞成课堂上出现什么样的情况，自己是如何看待教师在课堂上的权威，以及教师与学生应该体现一种什么样的关系，等等。[1] 通过对自己的教学观念的检视，观察者能够在很大程度将自己评判课堂教学的标准明朗化，能够对自己所持的立场和态度有一个清楚的认识，从而做到更好地知彼知己。

(二) 物质准备

进入课堂之前，观察者需要做好物质资料方面的准备，如要携带听课专用的笔记本和笔，并填好听课需要记录的基本信息（包括科目、上课者、听课者、班级、听课时间、课题等）。除了笔记本和笔外，观察者一般还可自行准备教科书、参考书、纸张等。特别是跨学科、跨年级的同校教师听课，准备工作要做细，应在课前就借好课本或资料，这样有利于尽快熟悉教学内容。如果准备使用一些定量方法来观察课堂教学，则一定要准备好量表、计时器等。假如需要一些仪器，如录音机、采访机、摄像机等，则要事先进行检查调试，以免课上不能正常运行，甚至

---

① 郑金洲：《听课的技能与技巧》，《上海教育科研》2002 年第 2 期。

因为出现故障而影响课堂教学。

观察之前的物质准备有的时候还会因科目及其内容而异。例如,要听体育课的某些教学内容,观察者有时还要准备测量心率用的秒表,以及运动量、强度、密度、脉搏测定等各种表格,以利听课后做出科学的数据分析。另外,观察的物质准备也包括观察者的仪表方面。一般来说,观察者的衣着要整洁大方,其色彩不可过于艳丽,款式不能偏于新奇,化妆也要适度,否则会吸引学生的注意力,干扰正常的教学。

(三) 心理准备

心理准备指的是观察者在进入课堂之前做好情绪上和态度上的准备。每次听课,观察者都要调整好自己的情绪,做到心平气和、不急不躁。观察者也要做好诚心、虚心、专心、细心的思想准备,把听课看作是向他人学习、提高自己的教学能力和水平的好机会,谦虚谨慎,自始至终地保持高度敏感地观课,听、看、记、想全神贯注。

观察者以什么样的意图和心态去观察是很重要的。一般来说,应站在学习者的角度,抱着虚心诚恳、互相交流、长善救失、研究问题、改进教学的心态去观察,不以检查者、考核者、评议者等自居。由于各门学科的特点不同、内容不同、教学方法不同,也许讲课人的风格和自己相差甚远,观察者都要以谦虚的态度、以学生的身份出现在课堂上,按各学科的特点来认真观察,分析讲课者的教学能力及引导学生的思路。观察者必须清楚,在观察过程中如果出现一些问题,观察者不能高声评论甚至当即指责,不能上讲台发表自己的看法,也不能在下面相互议论影响课堂秩序,或者是以一种不礼貌的行为表示不满(比如离开教室等)。有些教师在观察期间翻阅其他书籍或批改作业,也都是不礼貌的行为。

训练提示

1. 回忆自己以往进行教学观察的经历,对比分析在课前准备上自己哪些方面注意到了,哪些方面还需要进一步强化。

2. 收集一些学校印制的教学观察记录本,分析自己哪些项目还需要进一步改进。

二、课中观察

课中观察指的是观察者在上课过程中的观察活动。实际上,对于一个有经验的观察者来说,在步入课堂正式听课前,就开始课堂观察了。

听课者一般要提前几分钟进课堂,提前的时间根据听课者的多少及课堂的空间大小等而定。一般地说,这段时间为五分钟左右。听课者在走进教室后,有这样几件工作要做:(1)观察学生的状态。观察一下学生在课下的活动状况,用以对比其课上的表现及行为。例如,若观察者注意到学生在课下生龙活虎,而在课上却无精打采,就可以进一步去思考,到底什么原因导致了这一结果。是不是教师过多地支配了课堂,没有给学生活动的余地,或者是学生课下消耗的体力太大了,以至于上课时注意力都不能集中,如此等等。(2)与任教教师攀谈,了解有关情况。这段时间也可以用于与任教教师聊天,一方面消除任教教师的紧张心理,另一方面了解他是怎么看待这次教学的,这次教学的准备情况如何等等。(3)与学生攀谈,了解其对本课知识的掌握程度及其他情况。这段时间也可以走到学生中间,与他们进行交谈,了解一下他们对将要上的这堂课的兴趣、准备情况,对任教教师的看法,对学习的态度,等等。(4)选择自己要坐的位置。走进教室后,要注意观察教室的空间布局,尽量选择不引人注意的角落坐下。有的教师愿意选择靠近讲台的位置坐下来,这也许在有些情况下合适,但你要观察到真实的课堂,就需要考虑尽量少地进入任教教师及学生的视线,否则他们的行为就难免“失真”,你在课堂上收集到的有可能就是虚假的信息。(5)画出几幅教室课桌椅排列的草图,以备使用。可以用简笔画简单地勾勒一下课堂中课桌椅的大致情况,注明讲台的位置,哪些座位上坐有学生,哪些座位暂时是空的,教师周围的墙壁上都贴了些什么,物资设备有哪些,等等。这些草图,供你记录教师如何与学生交往,提问哪些学生,哪些学生课上活跃,哪些学生课上沉闷,教师在教室里的行走路线怎样等。有的时候,你不用记录教师与学生的实际课堂用语,只凭这些图就可以反映出课堂上的实际状况,作出切合实际的分析。①

观察者在课堂观察中会综合运用自己的眼、耳等感观,努力做到“眼到”、“耳到”、“手到”和“心到”。当然,观看为主,其余为辅,有的时候也可以对教学进程作出预测性的猜想。

(一) 观看

观看,是指观察者借助于感觉器官吸收外部信息。在课堂观察中,观察者用眼睛来观来看,主要有以下三方面内容:

1. 观教师

对教师的观察自然是重中之重,观察者应该以教学的基本要求和新课程改革的精神为准则,来衡量与评价该任课教师在课堂上的各方面表现。

(1)观教师的基本素质,包括:教师的穿着打扮是否端庄、得体,是否符合职

---

① 郑金洲:《听课的技能与技巧》,《上海教育科研》2002 年第 2 期。

业要求,特别是有无奇异服饰影响到学生;教师的精神状态是否振作饱满,教态是否自然、亲切、沉着冷静、从容不迫;教师能否讲好普通话,能否较好地运用肢体和形态语言;教师的板书设计是否合理精练、条理清晰、画龙点睛、一目了然,书写是否规范、工整和清洁;教师对教具的准备是否充分,实验操作是否规范熟练,能否注意结合教学内容选择、运用已有的现代化教学手段来辅助教学;教师是否能很快地把全班学生的注意力集中起来,建立起良好的课堂秩序,激发学生学习的兴趣,吸引学生的注意力,特别是对课堂突发事件的处理是否稳妥得当。

(2)观教师的施教行为,包括:教师怎样复习旧知识,怎样创设教学情境,导入新课的教学;教师怎样通过简明、准确、生动的语言呈现新内容;教师采用何种方式完成对新内容的巩固;教师如何设计多种形式的练习启发引导学生,加强知识的应用与迁移;教师在整个教学环节的掌握上是否恰如其分、丝丝入扣等。

2. 观学生

对学生的观察主要是考察学生在教师的施教行为下,以一种怎样的状态进行学习的,具体如下:

(1)观学生的学习习惯,包括:学生对课本、文具盒等学习用品的放置、使用;学生在课堂练习时的坐姿是否端正、自然,握笔写字是否正确;学生书写是否规范、认真。

(2)观学生的学习状态。良好的学习状态应该包括学习兴趣的浓烈性、学习需求的迫切性、学习目标的明确性、学习态度的积极性、学习策略的灵活性、学习行为的自主性、学习内容的问题性、学习方式的多样性、学习过程的体验性、学习结果的愉悦性,等等。在教学观察过程中,教师主要看课堂气氛和秩序,包括:课堂气氛是否活跃,课堂秩序是否良好;学生是否积极主动参与课堂教学,注意力是否集中,有无交头接耳、做小动作、心不在焉的现象;对教师的板书、演示、动作、姿态与表情,学生是否心领神会、观察入微;学生能否紧跟教师的思路,搞清问题的来龙去脉。

(3)观学生的学习行为,包括:在整个教学过程中,学生的反应能力、理解能力、实际动手操作能力、创造性思维能力是否得到了培养与训练,特别是学习困难学生动口、动手、动脑的量和质是否得到改善;教师复习旧知识阶段,学生对于以前学过的知识是否记忆牢固;围绕教师所授的新课内容,学生能否较快地领悟和掌握;在巩固新知识时,学生能否举一反三,加强对知识的理解与迁移;师生之间的关系是否融洽,配合默契,双向与多向反馈是否充分,等等。

3. 观班级

(1)观课堂所处的教室。虽然这不是观察者的观察重点,但教室因素或多或少会影响教师和学生的精神状态。这也直接关系到是否有利于形成良好的教学氛围和学习氛围。观察者可以观察:室内光线的强弱,学生数量的多少,桌椅的摆放与黑板的悬挂是否合理;墙报、专栏和所张贴的字画,天花板与墙壁粉刷的颜色是否适宜;四季气候变化影响的大小,如春季是否潮湿,秋季是否凉爽,有无冬季取暖与夏季降温的设施;是否配置"五机一幕"之类的现代化教学设备,等等。

（2）观班集体的学风。在课堂教学中进行的一切活动可以认为是学生与教师之间、学生个人与班集体之间互相作用的过程。所以,课堂绝不是教师个人的舞台,也并非个别优秀学生的舞台,而是全体师生共同拥有、相互影响的一个大舞台。每个学生的学习总是在一定的班集体中进行。这个班的情况如何,对每个学生有直接的影响。良好的班集体也是一种教育力量。在一个团结和谐、互相关心和帮助、积极向上的班集体中,学生能保持愉悦轻松的心境。在这种情况下,学生学习能增强记忆力,活跃思维,使其智力得到充分发挥和发展。①

（二）倾听

如果观察者要想在课堂观察中有所收获的话,最重要的就是倾听,包括倾听教师的课堂用语和倾听学生的课堂用语。

1. 倾听教师的语言

苏联教育家苏霍姆林斯基说过:"教师的语言修养在极大的程度上决定着学生在课堂上的脑力劳动的效率。我们深信,高度的语言修养是合理地利用时间的重要条件。"捷克教育家夸美纽斯也曾提出:"一个能够动听地、明晰地教学的教师,他的声音便该像油一样浸入学生的心里,把知识一道带进去。"而中国的著名教育家于漪说得更加准确、生动,她认为:"教师的语言要善于激趣,巧于用智。要用新鲜、优美、风趣的语言步步引导、激发学生的求知兴趣,带领他们不断进入求知新境地。"

观察者要认真听取教师的每一句话,包括对课文的每一句讲解,对学生的每一句提问以及对学生回答的反应。教师的课堂用语不仅要讲究规范性、教育性、科学性、生动性和可接受性,而且要注意音量大小、轻重、强弱、缓急的调节,吐字清晰,语意流畅,语调抑扬顿挫,节奏与停顿、重音的使用要恰当;在导入、过渡、讲授、诱导、提问、评价、小结和应变语方面,均有不同的要求,并要掌握好沟通、启迪、暗示、激励方面的语言使用,学会音韵美与节奏美、遣词美和句式美、机智美和教态美等方面的技巧,力求达到科学性与艺术性的统一、教育性与审美性的统一、声情义与艺术性的统一。目前,准确使用普通话进行教学,也是对教师的基本要求。

在观察小学低年级课堂教学活动时,还要注意教师语言的示范性与模仿性,

---

① 丁甫忠:《谈学校领导听课》,《四川教育学院学报》1999 年第 2 期。

如有表情地范读课文,模仿各种动物说话的腔调等。观察者要注意教师的课堂语言是否充分发挥穿针引线的作用,是否巧妙地借助各种先进教学设备,实现语言、音乐、色彩、图像的有机结合,是否可以开发学生左右两侧大脑半球的不同功能,实现创造性教学的最高目标。

2. 倾听学生的声音

"教"是为了"不教",教师的"教"是为学生的"学"服务的,所以学生才是课堂的中心、学习的主人,听课者归根结底要着眼于学生的学。[①] "听学生"意味着了解学生的思路是否打开,对问题的实质弄清了没有,能否通过联想进行逻辑推理,达到对新知识的认识和把握,形成新的知识结构。

观察者认真倾听学生的语言时,主要应关注两点:一是听学生的朗读能力与习惯,二是听学生的答问与质疑及口头语言表达能力。在朗读课文、回答问题、课内交谈讨论时,学生能否使用普通话,音调准确与否,音量的大小强弱是否适当,是否流畅自然;有无随声附和、人云亦云、滥竽充数的现象;独立思考问题的能力、积极主动的精神是否得到了发挥;有无交头接耳、混乱嘈杂的现象等等。

对观察者来说,他既要听学生回答正确的地方,也要注意听学生回答错误的地方。听课过程中,只听"正确的答案"不听"错误的答案"是片面的。因为学生在学习过程中总是要为解决一定的问题而努力,如果学生经过思考顺利地说出了答案,那么就说明教学的设计是合理的。如果学生说不出答案,或者说出了错误的答案,就要引起观察者的特别关注。观察者要认真研究学生存在的问题,既要看到部分学生学习效率高的表现,也要去研究个别学生在思考方面存在障碍的原因。观察者对于学生这些情况的掌握,既有利于指导学生的学,又有利于从学的角度去研究教师的教。

但应注意,观察者对学生观察时不可有大动作,如东张西望、频频转脸等。这样既会牵引学生的注意力,也会影响教师的教学情绪和教学思维。

(三) 记录

"好记性不如烂笔头",认真写好观察记录,不但有利于观察者积累宝贵的教学经验,而且对提高教师的业务能力、优化课堂教学结构,起到十分重要的作用。因此,在课中观察阶段,观察者一定要做到"手到",也就是随时记下感受,把听到、看到和思考的主要内容做简要而有重点的记录,但不是完全一字不漏地做课堂教学实录。

观察记录一般有以下五种形式:(1)照相型,注重表现,是一种一五一十的记录,一种课堂活动氛围的记录,其中仿效的用意较多。(2)能动型,是一种由表及

---

① 李振华:《听课三得》,《小学教学参考》2003 年第 10 期。

里的记录,一种从感性认识上升到理性分析和判断的记录。随着教学经验的丰富和听课次数的增多,听课者脑子里有了许多参照,于是从"看热闹"进入到"看门道"的阶段,已经能辨得出好在哪里、什么原因,差在何处、是何道理。(3)重点型,观察时略记一般的常规内容,详记讲课富有特色、自己所需的内容。重点的确定可以根据观察者自身的需要,如自己正在思考和探索课堂教学的某个方面,如教师口语、板书艺术、教具运用之类,观察之后认真记录,以便借鉴与研究。(4)评课型,这往往是有组织进行的一种特殊的记录,目的是为了评估。观察者要熟悉评议条目、标准,有针对性地记录好有关方面的师生活动情况,以便评议时有根有据。(5)实录型,师生问答有一句记一句,教师板演什么记什么,教师的一个特殊动作也作如实记录,课堂气氛、师生活动情况等都原原本本地记录下来。一般听示范课用此记录方法。① 五种不同形式的观察记录方法在特定的目的和情境下都有它们各自的优势与用途,观察者可以根据自身的需要和记录习惯选择使用。但如果没有特定需要的话,一般不提倡对课堂做一字不漏的实录,它往往会限制观察者的随堂思考。

做好一份全面而又详略得当、重点突出的观察记录,必须要做到"六记":

(1) 记教学环节。观察者必须要尽可能记下课堂教学的进程,为课后评说提供材料依据和前提,其中记教学环节是很好的办法。

观察者在记录教学环节时要条理分明,层次清楚,一目了然。例如,教师复习提问的形式、内容,复习旧课导入新课的方法,讲授新课的层次性;各层次知识内容、课堂小结、习题和作业题的选配、提高升华及知识的规律总结等。观察者要善于抓住授课教师的思路,分清什么是大的教学步骤,什么是小的教学步骤,并在笔记中用不同的数字符号表示出来。

在观察过程中,观察者还必须记录时间。课堂主要教学环节以及学生的学习活动各用了多少时间,在一定程度上可以考察教师教学时间的安排和分配是否合理、教学重点是否突出,检查教学是否依据学生的年龄特征、认知规律进行施教。这样既可提高听课笔记的完整性,又可以考察师生在双边活动中配合的程度。

(2) 记衔接过渡。记衔接过渡,就是记录教师教学中环节与环节、知识点与知识点的衔接和转折的话语。教学效果好的教师,在一个教学环节向另一个教学环节转换时,往往只用一句话或几句话就能很巧妙地总结上文并引出下文。一堂课下来,使人感到整堂课各部分内容之间既浑然一体又相对独立,既紧密联系又条理分明。这种转换,既有对前面所讲内容的小结,又有对后面将讲内容的启发。这些能够反映教师教学素质和能力的话语,往往点到为止,稍纵即逝,过

---

① 卞东华:《怎样听课评课》,《教学与管理》2002 年第 31 期。

耳便忘。因此,在教学环节转换衔接时,对于教师在知识点衔接和转换过程中使用的关键的过渡语言,必须随时记录,千万不能放过。

（3）记细节特色。在主要记录教学的程序环节之外,观察者还需要把握一些具体的教学细节以及教师的教学特色。一般重点要记下来的细节包括:教师的重点提问及对学生答问的引导、评价;学生的典型答问和质疑;重点时段的师生活动;教师在教学过程中出现的失误和语误等。

在全面衡量一堂课整体结构的基础上,要对教师的教学特色,即独特、有效的具体教学手段或做法进行记录。教师一些新颖的教法、精妙的做法往往能够突出教学重点、突破教学难点,如课堂教学的新模式、教学的新方法、创新的教学思考、独特的思维方法、教材体系的科学安排、独具风格的情感教态、幽默的语言、娴熟的教学技能等。一堂有教学特色的好课给人的总体感受就是,教师能够化深奥为浅显、化抽象为具体,语言准确简练,逻辑严密,环环相扣,导入、结束的技巧高明,学生全神贯注,师生互动和谐。

【示例】

这是一堂研究鲫鱼外部形态的生物课。

上课铃响过,一位年轻的男老师大步走进了教室,手里端着一个盛有数尾鲫鱼的玻璃容器。静静坐着等待上课的学生顿时来了精神,有的指手画脚,有的窃窃私语,有的探身观望……

为了让学生观察得更清楚,这位男老师把盛有数尾鲫鱼的玻璃容器放在了实物投影仪上。这下可好了,屏幕上清楚地显示出玻璃容器里鲫鱼们的情态。

"老师,那条鲫鱼的尾巴怎么没有啦?"

"左边那条鲫鱼怎么还蒙着眼睛?"

…………

细心的学生接二连三地提出了若干问题,而那位老师只是饶有兴趣地观察着学生们的反应,没有一点要回答问题的迹象。

等学生们观察得差不多了,这位老师就示意大家静下来。他说:"刚才同学们观察得很仔细,在这个玻璃容器里,有四位特殊的鲫鱼'伤员'——一位没有了左鳍,一位没有了右鳍,一位没有了后尾,一位用胶布蒙住了眼睛。下面,请同学们继续观察它们的活动情况。"

老师一边说着,一边把这四尾鲫鱼分别放进了事先准备好的四只鱼缸里。全班同学都睁大了眼睛,全神贯注地盯住这四位特殊的"伤员"。它们东歪西晃、乱碰乱撞的憨态,引起了学生们的阵阵笑声。老师又引导学生观察两尾无伤的鲫鱼,让大家比较鲫鱼受伤后和没有受伤的异同，这时学生们的笑声戛然而止。

渐渐地，每一位学生的思维进入了活跃状态，一个接一个的问题开始竞相提出：剪去尾巴的鱼为什么游不快了？没有鳍的鱼为什么身体失去了平衡……老师只是笑着示意学生读课文，当学生如饥似渴地读完课文以后，这些问题都迎刃而解了，关于鲫鱼的各种运动器官的功能也就全部掌握了。

这节充分体现学生主体地位的生物课已经达到了教学目的，按说可以完全结束了。然而面对学生们已经敞开的思维大门，老师又乘机继续引导。学生在思考、交流下，很快又提出了新的问题——

"人没有了一只胳膊或一条腿，照样可以生存下去，鱼的运动器官残缺了，还能不能生存下去？"

"研究鲫鱼的运动器官，对我们人类有什么用处？"

"研究鱼的外部形态，与保护生态环境有什么关系？"

……………

随着一个个问题的提出，课堂上气氛活跃、高潮迭起。遗憾的是，问题还没有提完，争辩还没有结束，就快要到下课时间了。老师作了扼要的小结："在我们这些学生当中，将来有可能要出生物学家。对这些今天没有弄明白的问题，我相信感兴趣的同学一定会在课下继续探讨下去！"

在老师留下这给学生无尽思索的几句话后，下课铃响了。

（资料来源：郭秀娟：《游进课堂的鱼——一节别开生面的生物课》，载《中国教师报》2003 年 5 月 28 日。）

显然，这堂别开生面的生物课会给听课者留下非常深刻的印象。作为观察者，在气氛热烈的课堂中，要善于从授课者精心设计的教学用具——鲫鱼来把握他的教学新方法，以及由此带来的师生互动环节。这些都应该成为听课者记录在册的细节和特色。正是由于这些细节的存在，才有可能在生物课的讲解中化抽象为具体、化深奥为浅显，达成师生的和谐互动。

（4）记板书提纲。观察者在观察过程中，对板书一定要有所记录。一个好的板书能有效地提高课堂教学效果，它能较好地反映教学程序、教学步骤和主要教学内容。一堂课结束时，一个完整的板书也就出来了。如认为板书设计有可取之处，可以为自己以后的教学做参考借鉴，可在最后将板书主要内容、形式记载下来。一般来说，板书不要在教学过程中零散记录，这样形不成完整的概念。总之，记录课堂板书既不同于听报告式的记下提纲，又不同于课堂实录，试图把什么都记下来。它是提纲和实录的结合，又是听课者快速思维创造的记载。

（5）记点评批语。观察者会对观察过程中的所见所闻有所思考，必须用点评、批语等随堂记录的形式把瞬间的思维火花及时记录下来。这种及时、准确的评价是教师间相互学习的依据。特别是在观察过程中，对授课教师的教学组织环节、突破重点、分散难点的方法、学生的课堂反映等，观察者要及时进行思考、整理，并迅速做出反应。观察者在记录教学步骤过程中，把自己独到的看法（包括优点与不足）、科学的改进建议等适时地加以简要记录，能使课后综合评价所听课程做到有的放矢、言之有物。

一般而言，教学过程可作简明扼要的记录，讲课中符合教学规律的好的做法或存在的不足一定要作较详细的记载，并加批注。观察者必须避免以下情况的发生：为了应付上级领导的检查，写一些千课一面的客套话；碍于同事的脸面，尽拣好听的、赞美的话写；懒于思考，干脆在详细记录讲课内容的同时让批语"开天窗"。

（6）记备注信息。一些备注信息看则用处不大，实则好处多多，听课的新手一定要多加注意。这些备注信息包括：观察的学校和班级、日期、时间、地点、节数、学科、课题、课型；授课者的姓名、性别、年龄、学历等；观察者的层次和开课的层次；教师使用教具、课堂演示、实验操作、板书时机、学生活动；教师提出问题、学生听课反应等。记录的这些信息在课后用处颇多，一来可以根据这些背景信息来分析这节课优劣的原因；二来可以通过年龄、讲课水平对照，检查自己与授课者的优劣；三来便于同他人取得联系，听取他人对本节课的具体评价，从而检查自己对问题看法的正确性。

（四）思考

观察者在观察过程中必须要"心到"，就是指观察时要边听边思考，这是非常关键的一步。这种思考是观察者对各种各类课堂教学细节的及时反应。即使这种思考不够全面和深刻，但却是观察者课后进一步具体分析和反思课堂教学的思考依据及基础，体现着观察者思维的敏捷性。

1. 多问几个为什么

观察者可以根据教师课堂教学的步骤和环节，研究教师的教学思路和设想，如教师如何在课堂教学中一步一步实现自己的教学设想，教学的目标达到程度如何，教学的效果怎样。听课者在听课中无论是发现了优点还是缺点，好的经验还是不足的方面，都必须问个为什么，如教学步骤环节是否合理、教学方法是否得当有效、教学目标是否明确具体、教学效果是否明显、学生是否积极投入学习、课堂气氛是否和谐融洽、教态是否自然大方、教学语言是否精练流畅等。多问几个为什么，也就是多想一下教师为什么这样做，这样做有什么好处，又有什么不足，从中找出提高教学质量的有效方法。否则，听课再多，毫无收获，对于改进教学也是无补的。

2. 适当的预测与推想

观察时对教学过程和教学现象作必要的预测,不仅有利于提高观察者的观察能力,而且也有利于观察者积累教育教学的经验,具体如下:

(1) 对执教者提问后的反应作预测。当执教者一个问题提出后,提得是否恰当、合理,是否具有启发性、创造性,观察者必须马上作判断,并对学生的可能反应作出预测,然后通过学生在获取教师信息后的反响加以验证。

(2) 对执教者的下一步教学安排作预测。教学是一个环环相扣的过程,教学过程中的每一个环节都体现着教师的教学思路,直接影响教学效果;当教师完成了一个教学任务后,他下一步应该如何设计安排,听者可作一个预测,然后看教师的教学设计是否具有独创性、层次性、逻辑性。

(3) 对课堂教学效果进行预测。观察时,观察者必须时时审视执教者,看他讲解是否到位、方法是否恰当、训练是否有效、整个教学过程是否能达到预想的效果。有时教学场面很热闹,但教学效果却并不怎么样。因此,观察者课后可针对自己关心的内容进行必要的调查,以检验自己的判断和猜测。

3. 注意体察教师的思想

不同的教师在课堂内会有不同的教学风格,如有的教师风趣幽默,妙语连珠,能让学生在轻轻松松、不知不觉中度过 40 分钟;有的教师则治学严谨,善于归纳演绎,逻辑严密,纷呈繁杂的书本知识在他的分析推理下如剥落层层外衣的鲜笋,最终以鲜嫩的内容呈现在学生的眼前;也有的教师笔下生花,板书如行云流水,方程式、结构式倒背如流;当然也有呆板木讷、照本宣科者。[1]

然而,仅以欣赏或批判的心理听课是远远不够的,观察者要在教师的讲课中看其是如何创设问题情境,引起学生的注意,使学生质疑,引导学生思考的;要在教师的话语中看他是如何化解难点,又是怎样突出重点的。从中可以反映出教师对本学科知识掌握的深度和广度,以及对相关科目的了解情况,可以反映出教师的教学能力。教师讲课时能吸引学生的注意力,使学生积极主动思考,学得生动活泼又富有趣味,有严谨的纪律又有热烈的气氛,这就是教师的能力所在。

一般的观察者都会去关注教师的言行,要做到这点并不难,最难的是要从听课中发现隐藏在教师的话语和行为背后的思想。这才是我们在观察时特别需要注意的地方。上课不仅是师生之间的知识交流,也是师生之间的情感交流。教师在课堂上不仅要展示自己的知识才能,还要展示自己的思想、品格、情操。每个教师总是根据自己的知识结构和世界观去把握知识的,在课堂上传授知识时

---

[1] 吴士良:《听课是讲好课的基础》,《苏州医学院学报》1999 年第 10 期。

总是打上各自思想的烙印,必然要把自己的思想、观点、情感表现出来。在课堂上,可以观察教师的教态是否亲切、自然,对学生是否透露出和善抚爱的目光,教学作风是否民主等,因为这几方面可以体现出教师的世界观、思想觉悟和对教育事业的责任心。

训练提示

按照上述要求,实际观察一堂课,对课堂上的师生言行进行记录,课后相互交流记录情况,分享记录经验,交换记录中的相关意见。

三、课后分析

下课铃声的响起,代表着一堂课的结束,但并不代表着观察任务的完成。听课犹如欣赏艺术作品,听课者在欣赏完之后如果不及时有效地将自己的所思、所想、所感、所悟总结出来,就会大大降低听课的作用和效果。

(一)妥善保存观察记录,及时反馈

观察是评判的基础和依据。在听课以后,听课者要对听课内容及时总结。也就是将听课观察到的情况,按照评定指标及标准做出客观准确的记录,并妥善保存观察记录,把记录和意见尽快反馈给授课者。切忌听起课来心潮澎湃,听完课后束之高阁,或邯郸学步,只讲形式,不求内容。

观察记录要具体完整,要对授课者的成功之处追根问底,深入探究其教学的成功之源,真正领会其教法之精髓,并根据自己的实际情况运用于平时的教学之中,形成自己的教学风格。对授课者的不完美之处要提出解决设想,和其一起讨论,综合分析,交换意见,取长补短,共同研究改进教学的措施。

(二)多方交流,挖掘、补充信息

为避免影响正常的教学秩序,分散师生的注意力,观察者要解开在观察过程中的疑问、发表看法等必须在课后进行。观察结束后,观察者要尽可能地就课堂情况与任课教师、学生等交流,以获取更多的信息。一般来说,观察者可采用个别询问、集体座谈的方式与教师、学生谈话,询问自己感兴趣和尚存疑虑的问题。这就如同盘根究底、追根溯源,探求一堂课背后无形的、可感知的深层次内容。

观察者与之交流的对象包括任课教师、学生以及其他教师等。与任课教师交谈时,可以由浅入深、由近及远,先谈谈一般的话题,如从教时间的长短、学生

的接受能力与领悟程度的高低;再请任课老师谈谈这堂课的教学方法的选择、教课前的整体设计、教学中的实施过程、教完后的自我感觉;最后再谈教材的重点、难点如何把握,知识点、教育点与能力点怎么体现,等等。观察者要让学生对这节课的收获与不足畅所欲言,可以用一些问题提示学生,如老师的课上得怎样?讲的内容是否完全听懂、理解与掌握? 教态是严肃、严厉还是和蔼可亲? 教学方法是否合乎学生们的口味? 平时教学与今日教学相对比,有无明显区别? 对老师的主观印象与整体评价怎样? 等等。对于任课教师的一些异常教学情况,听课者也可以询问其他的教师或是学校领导,从任课教师平时的教学情况、工作经历、学识水平、工作态度、事业心与责任感,以及生活习惯、爱好与兴趣等方面,寻找问题的原因。

观察者如果进行交谈询问,必须注意自己的方式方法,包括:(1)注意场合,可以采用个别交谈、座谈会或学生民意调查、问卷调查等方式进行,尽可能避免刺伤教师的自尊心,出现一谈就崩的尴尬场面,产生不必要的负面影响。(2)注意自己的态度,对任课教师要谦虚诚恳,抱着请教、求知、切磋、探讨的态度,不要用挑剔的口吻、居高临下的姿态、监督审查的眼光来进行询问。(3)注意自己的用词,交换意见时要抓住重点,做到明确的问题不含糊,吃不准的问题不回避,但要注意可接受性,切忌信口开河、滔滔不绝、夸夸其谈。要突出教学思想、教学方法和教学效果。特别是教学效果方面,因为一堂课的优劣,最终还是体现在教学效果上。(4)注意分清问题的主次,对经验不足的教师,在指出存在问题的同时,应尽量肯定可取之处,并指明努力方向,既析其因,又导其法;对经验丰富的老师,应就课堂教学方法等作进一步探讨,以求得教学质量的再优化。

(三) 评课要开诚布公、实事求是

一般而言,经常性的开展听课与评课活动是提高教学质量的一项重要举措。但是,不少教师听完一堂课,不是认真研究任教教师在教学实践中的突出特点和具体问题,加以针对性的评论,而是用一系列的客套话,把成绩、优点夸大其辞地讲一大堆,对缺点则浮光掠影地点一点,每一个人发言之后,其他人随声附和,不再发表不同意见。结果听课、评课年年搞,却毫无实效可言。这种听课与评课不仅失去了它原有的意义,还造成了人力、时间上的浪费,得不偿失。所以,在分析和评议时要注意以下问题:①

(1) 必须开诚布公、循循善诱,以商量的态度和教师共同分析、评议,不要以检查者身份自居,硬把自己的观点强加于教师,当然也不要吹捧。要肯定其优点,并找出不足,以同志式的态度关心教师的工作,和教师共同商量和讨论问题。

---

① 孙淑霞等:《听课和评课的方法及意义》,《教育管理》2001 年第 2 期。

（2）根据课堂教学的特点，从实际出发，实事求是地评价每一节课。在听课之后，不要轻易地下一个"成功课"或"失败课"的评语。如果脱离实际情况，做出不切实际的评价，教师就会感到不公平、不服气，甚至影响工作情绪。

（3）听课后的评议，不要太笼统。尽量用典型事例作出具体分析，要抓住具有代表性的典型事例进行分析。譬如说听课者认为该堂课重点不突出，应指出什么是重点，为什么是重点，怎样突出重点等。听青年教师的课还要注意从微观上分析评价其上课的各个环节，通过把复杂的教学过程分解为若干基本教学技能，对青年教师的导入技能、教学语言技能、板书技能、结束技能、课堂组织技能、教学准备技能、教学设计技能和反馈强化技能等教学基本功进行深入细致的探讨、推敲，分析其欠妥之处，提出具体的改进措施，从而有效地提高其教学的质量。

训练提示

联系听课实际，探讨课后分析的注意事项。

思考与练习

1. 进行教学观察，课前需要做好哪些准备？
2. 课中观察有哪些基本要求？
3. 观察记录的内容有哪些？
4. 课后分析需要注意哪些事项？

第六章
教学反思技能

本章目标

1. 了解教学反思的成果表达形式。

2. 认识教学反思各种形式之间的联系与区别。

3. 学会应用教学日志、教后感、教学案例、教学课例反思自己的教学行为。

教学反思是教师以自己的教学活动过程为思考对象,来对自己所做出的行为、决策以及由此所产生的结果进行审视和分析的过程,是一种通过提高教师的自我觉察水平来促进专业发展的途径。教育理论研究以及教学实践都表明,一个善于对自己的教育教学行为进行反思的教师,常常是能较快熟悉教学情景、掌握教学技能、形成教学本领的教师。在教学中,借助各种方法、手段进行反思,已成为教师的基本功。教师进行教学反思的方式,包括教学日志、教学叙事、教后感或教学心得、教学课例、教学案例、网络教研等。

一、教学日志的撰写

教学日志作为表述教师反思成果的重要方式之一,是近年来才引起大家关注的。教师在把真实的生活场景转化为文字、语言符号加以记载的时候,其实也就是在梳理自身的行为,有意识地表达自己。国外的一位中学教师,曾如此描述日志是怎样与自我成长结合在一起的:"(日志)是一种有价值的工具。我经常回来读一读在过去的一周发生了些什么。我能够注意到一些关于我教学的事情,如有用的和无用的教训。我每星期至少做四次记录。这看起来能使我专注于教学实践中的关键问题。"[①]通过撰写日志,教师可以定期地回顾和反思日常的教育教学情境。在不断的回顾和反思的过程中,教师对教育教学事件、问题和自己认知方式与情感的洞察力也会不断加强。具体而言,教师

---

① [美]阿哈(J. M. Arhar)等,黄宇、陈晓霞、阎宝华等译:《教师行动研究——教师发现之旅》,中国轻工业出版社 2002 年版,第 236 页。

将更加深入理解学生的问题,从多个维度来认识教育中的特殊现象;教师将更加了解自己是如何组织教学的,了解最适合于自己的教学方式,了解如何获得那些支持教学的各种教学资源,等等。与其他形式的研究方法或成果相比较,日志的撰写最为简单和熟悉,只要有纸、笔,有时间,就可以写。当然,也可以直接在电脑上撰写。

一般说来,日志不是仅仅罗列生活事件的清单,而是通过聚集这些事件,让教师更多地了解自己的思想和相关行为。日志通常需要每天或几天记录一次,至少是每周记录一次。在日志中,记录的是教师在实践活动过程中所观察到的、所感受到的、所解释的和所反思的内容,是教师所见、所闻、所感、所思的自由写作。日志的主体部分是教师对观察的记录和白描。每一次撰写的日志都包含一些基本的信息,如事件的日期(若书写日期与发生事件日期不同时,需标明之);脉络性资料,如时间、地点、参与者以及其他看起来可能对研究是重要的事。如果是以这样的方式来记录日志,日后要重读日志的内容,会得心应手得多。

日志常用的记录形式包括备忘录、描述性记录和解释性记录。这三种形式在记录的侧重点以及文体的表现形式方面有一定差异。备忘录很多时候就可等同于一篇日志,而描述性记录和解释性记录通常只能作为一篇日志的一部分。①下面结合实例,来具体剖析一下这三种日志的记录形式。

(一) 备忘录式日志

备忘录式日志是最常见的日志形式。它通过教师试着去回忆、写下特定时段的经历,再现教育实践中的生活场景。在备忘录中,通常有比较明显的时间信号提示。在撰写时,需要注意的是:(1)在一个事件后,越早写备忘录越好;(2)在靠记忆写备忘录前,不要和任何人讨论,因为那样做有可能影响和更改自己的记忆;(3)最好是依事件发生的先后次序写记录,能完整记录很重要,日后想起任何片段,都可以把它附记于后;(4)可在活动过程中缩写符号、片语来简记一些重点,可摘要记录某一时段,这样有助于记忆;(5)早一点进行回忆,记忆会更清晰,越晚开始写,需要的时间就越长。

【示例 6－1】

教室 8:15

语文课。七彩的课堂总是弥漫花的馨香、草的翠绿,小家伙们都说他们是七彩孩子。是呀! 七彩的孩子总有七彩的梦。"放飞你的希望

---

① 孟庆茂主编:《教育科学研究方法》,中央广播电视大学出版社 2001 年版,第 238 页。

在春天的早晨,让春姐姐的花瓣雨长上翅膀……"我告诉孩子们,"你们的希望一定是多彩的。"一会儿,孩子们的话匣子开了……

"我的梦想是全世界的闹钟都走慢一点,我的美梦就不会被吵醒。"

"我希望月儿是我家的电灯。"

"我的梦是常人想不出的萤火虫,亮着灯光,在老师的窗前……"

"我希望妈妈的嘴巴变小,骂我的时候声音就不会太大。"

"月亮的梦是弯的,花儿的梦是红的,小草的梦是绿的,奶奶的梦是老的。"

我告诉他们,有梦的孩子就会飞。口气中饱含着自豪、钦佩和共勉。

办公室　9:10

改了20本《语文伴你成长》,虽然只完成一半,但成就感依旧悄无声息地滋生。看来,人的需求层次并不是特别高深莫测。读了几则我和学生在作业中的短信:

1. 几日不见,白云姐姐和陈老师都认不出你的字了,好样的。(老师)

我也发现进步了,谢谢老师。(浩川)

2. 这么棒的书法作品,为什么只给自己四颗星?(老师)

因为我不够自觉,所以另一颗星跑了。(沈超)

3. 你猜猜今天的苹果姐姐是伤心还是快乐呢?(老师)

是快乐的,因为我今天很开心,妈妈带我去肯德基。(静茹)

4. 小主人,忘了写作业啦?我很难过哟!(老师)

对不起,我昨天看电视了,我下次和您小手牵大手(拉钩),说到做到。(惠娟)

(本示例由厦门市同安第二实验小学陈束贤撰写,载黄旭主编:《明日教育论坛》(总第十三辑),福建教育出版社2003年7月版,第11—14页。)

以上是某教师一天经历的备忘录的片段。在这份备忘录中,事件发生的时间、地点呈现得十分鲜明。可以看出,这是教师在当天晚上对一天事件的回忆式的记录,而且是按时间的先后来记录的。我们也可以发现,在这篇备忘录中有不少简单的语句,并用只言片语来记录一些重点,如"语文课"。此外,这篇备忘录虽然经过整理,但还保留了一些自由写作的痕迹。

(二) 描述性记录

描述性记录包含研究活动的说明,教育事件的描述,个人的肖像与特征(如外表、说话与动作的风格)的叙述,对话、手势、声调、面部表情的描写,时间、地点与设备的介绍等。而身为一个参与行动的研究者,研究过程中特定的情境、个人的言行,当然是描述的重要内容。在任何描述的段落,细节的深描比摘要式记录更重要,典型的事件比一般化的事件更重要,活动的描述比对活动的评估更重要。

同样需要强调的是,在任何可能的时候,有人说了什么话,最好直接记录,并用引号表示,或用独立的一段文字说明。即使当时的情景不允许即时记录,也要尽可能在事后的第一时间把记忆中尚比较鲜明的细节、研究对象的话语记录下来。用以描述一个人、一个群体、一个情境的文字与措辞,最能呈现其特性,最能从中反映隐藏在个体或群体行为背后的思想。然而,要达到最好的效果,只有尽可能地精确记录才行。

【示例 6－2】

2005 年 2 月 12 日　星期六　晴

我是从 2005 年 2 月刚接这个新组成的文科班。第一次见王小斌,就给我留下了深刻的印象:他积极地来回奔跑于教室和图书馆之间,协助班长分发新课本;开学仪式结束后,他主动留下来打扫教室卫生。这时,我产生了很大的疑惑:眼前的他与上一任班主任 A 谈到的他形成鲜明的对比。

A 是一位 50 岁左右的女老师,对学生要求非常严格。从她那里,我了解到王小斌一些情况。王小斌考进我校时成绩优秀,班主任 B 让他做了班级团支部书记,后来成绩一落千丈,勉强混过了高一,到了高二实在不行,高二就留了一级,留到 A 的高二(6)班。到高二第二学期,年级进行文理科分班,他选文科,又被重新分到了高二(7)班,我带的这个班。

此时,我的疑惑有三:(1)他为什么表现得那么积极?是做给我看,抑或是他一贯如此?(2)照现在他的行为看,他不是一个消极懈怠的人,当时为什么会留级?(3)他现在表现这么积极,对未来他是否充满信心?

2005 年 3 月 3 日　星期五　大雨

今天上课,我要求学生默写,是好几天前就布置的内容。我看到他神态不够从容,就特别注意,终于在默写快结束前发现他在用很隐蔽的方式看书。我轻轻走上前,伸手从课桌里拿出他的书放在桌上,什么话也没说,只用一种很失望的眼神看了他一眼,就走了。

下午四点自修课,女生 C 慌慌张张地到办公室找我,说她的同桌 D 在用弹簧撅圆珠笔芯时,不慎笔芯弹到了 D 自己的眼睛。我吓了一跳,赶紧和她一起去教室,看了 D 的伤势,我决定马上送她去医院。外面正下着大雨,又碰上周末下班高峰,虽然医院就在学校后面,但我想还是需要一辆自行车,就问:"骑自行车的男同学请举手?"只有一个人举手,他就是王小斌,我故意装作没看见,又问:"谁有自行车?请举手。"他在下面急了,叫了起来:"这里,我有车。"我不睬他,仍继续问:"还有谁有车?"另一个男生举起了手。就在我要点另一个男生的名时,他"呼"地从位置上窜出来,手里拿着钥匙,眨眼工夫,来到我面前:"老师,走吧!我有车。"他急急地跟我说,我半睬不睬,和C扶着D走下楼梯,他以最快的速度弄来车子等着我们,顾不得外面下着大雨。我们让D坐在王小斌的自行车后面位子上,推着车子走在泥泞的道路上。到了医院,医生对D进行一系列检查,我们等在外面。这时,医生大部分下班了,病人也走光了,整个走廊空荡荡,静悄悄。我坐下来,始终不曾正眼看他,不发一言。他自己坐到了我身边,轻声说:"老师,是我错了。""你哪里错了?""我默写时看书。"我不再说话,安排妥当D,他默默地用车把我带到学校,不肯走,跟着我回到办公室,坐下来慢慢地讲他的故事,也不管我听不听。其实,我是听进去了。……

在该示例中,陈老师详尽记叙了自己与王小斌交往的经历,虽然只反映了两天的有关事件,但使读者对这位学生的特点有了较为全面的认识和了解。在日志中,陈老师记录了大量的对话,也适当地描写了讲话者的神态和动作等细节。这种精细的描述,对认识当时发生的事件提供了较为具体的信息。要做到详尽记叙事件场景,有两点值得关注:(1)要重视日常观察。日志的写作始于观察,通过观察并把观察到的事实记录和表达出来,也就大致形成了教育日志。在日志的写作过程中,要尽量把看似零碎的片段和事件整合在一起。(2)对于需要记录的一些重要细节,最好在口袋里准备一本小本子及时记录。在很多时候,不要过于相信自己的记忆力,如果时间许可的话,那么越早记越好,记得越详细越好。即使是只记只言片语,对于日志的撰写来说也是很有帮助的。如果你是过了一段时间来撰写日志,那么可着重描写在记忆中特别生动的细节。

(三)解释性记录

在日志中,除了描述性的记录,还应含有解释性记录,如感受、解释、创见、思索、推测、预感、事件的解说,以及对自己假设与偏见的反思和理论的发展等。解释不仅会在写下经验时产生,也会在不久之后产生,或在写日志时(如观察笔记)有所反思时引发。

在每一日的生活里,任何的撰写都宜于日后不断地重复阅读。如此一来,可以发现与修正错误,许多事也会变得更为清晰。在重复读所写的内容时,会比在撰写时更容易判断哪些资料是重要的或是不重要的。你也可能会发现某些观念与观念之间的新关系，一些新的体悟也接踵而来，并且容易看到哪些仍是需要去做的事。原先在日志中的思想表达，可能被重新建构。

【示例 6 - 3】

> 没有特别注意到第三组，因为第一次看他们时，他们都表现得非常好。他们不太会离开座位——而其他小朋友常在教室内走来走去。我曾建议小朋友可以离开座位，和其他小组讨论如何使用电脑。第三小组没有离开座位的必要，可能是他们坐得离电脑很近。王阳（课堂观察员）也同意，这小组的人容易和其他小组打键盘的小朋友说话、讨论。
>
> 评论：使用电脑进行合作性写作时，小朋友需要来回走动。移动和嘈杂声，是合作时必然会出现的情况。若要减少移动与噪音，可将电脑放在教室中间，小组则围绕周边而坐。这需要增设或延长电脑的接线——我想我会试一试这种作法。
>
> （本示例选自孟庆茂主编的《教育科学研究方法》，中央广播电视大学出版社2001 年版，第 236 页。）

通常而言，解释性记录不能单独构成一篇完整的研究日志。解释性记录可以是由一个短句或几个短句构成，也可以由一个段落或几个段落组成。该示例在描述"他们不太会离开座位——而其他小朋友常在教室内走来走去"之后，有一句解释其原因的句子——"可能是他们坐得离电脑很近"。评论这一段落，基本上都是解释性的语言。在这一段，日志撰写者解释了造成"移动和嘈杂声"的原因，并且设想了解决这一问题的方法，即"增设或延长一些电脑的接线"。

> **训练提示**
>
> 用上述日志体裁记录自己一天的行为，记录后与其他同学交流，征求他们对日志的意见并在后续日志中加以改进。

二、教后感的撰写

教后感，指的是教师以体会、感想、启示等形式对自身教育教学行为进行的批判性思考。它不同于日志、叙事的一般性的记录和白描，也不同于案例有着明确的问题发现、分析、解决线索，而是在记录教育事实基础上所进行的思考和评判。这种非日志、叙事、案例的形式在教师反思中占有大量的比重,尤其在研究的初期更是如此。

教后感属于对教育教学事件或行为的有感而发,一切对教师自身有触动的事件或行为都属于记叙的对象。从其内容上来讲,教后感至少可记叙以下内容:(1)记闪光点。可以把一堂课的教学变化或"闪光点"记下来。这些变化或"闪光点"是以往课堂上较少出现的,对教师本人认识学生或教学行为有这样或那样的启示。这种记叙可长可短。(2)记体会。它侧重于理性的分析,有的实际上就是一篇教研论文。如有教师在教《卢沟桥的狮子》时,从教材及班级实际出发调整了教学目标,效果很好。课后,这位教师对如何确定教学目标进行了总结,分为四个小标题:一是从语文学科的特点出发设计教学目标,二是抓住课文特点设计教学目标,三是从整体入手合理选择教学目标,四是从学生实际出发设计教学目标。(3)记评价。俗话说:"当局者迷,旁观者清。"听完一堂课,不同的教师会有不同的看法,有的指出成功处,予以鼓励;有的指出欠妥处,相互切磋;还有的上升到理性高度予以点评。这些看法都应原原本本地记下来。如有教师在外校教七年级公开课《小橘灯》时,板书设计中有一个词原定为"制作",结果学生设计的板书为一个字"做",教师便写成了"作"。一个学生举手指出教师写错了,应为"做"。教师随即在下面板书"做"字,鼓励了一番。之后,教师便问:"'作'并不见得就错了,谁能在前面加一个字呢?"结果,同学们都说出了"制"字。评课时,老师们对此评价很高,说是"解惑有方"。(4)记疑问。"智者千虑,必有一失。"教师在设计课堂教学时,难免有一些没有准备好的问题会在教学中暴露出来。记下这样的疑问,然后通过查找资料找到答案,既解决了课堂教学中的问题,又为今后的教学做好了准备。有教师在教《卖炭翁》时,有学生提出这样一个问题:一车炭换了半匹红绡一丈绫,这么多东西,怎么是那位卖炭翁的悲哀呢?教师也回答不上来,便记下这个问题。后来也查到了答案,原来红绡是"红紫染故衣败缯(破旧物品),实为强夺"。再次讲解时,学生对课文理解更为深刻。① 从形式上来看,教后感至少可分为以下几种不同的类型:

(一)专题教后感与整体教后感

专题教后感有着明确的问题取向,常常围绕一个特定的问题进行多方面的思考。这种反思目标明确,针对性强,分析也较为深入。在教育教学中,可选择作为反思对象的专题是很多的,如从教学各因素的角度来看,可以是教育任务的完成程度,或是教学内容确定的适宜程度,或是教学策略选择的得当程度等;从教学实施的具体要求来看,可以是教学与学生生活实际相联系的程

---

① 方西河:《"教后记"当堂堂记》,《中国教育报》2005 年 9 月 20 日。

度,或是学生自主支配时间和空间的程度,或是信息技术与学科教学整合的程度等。在一定程度上,凡是教育教学中存在的问题,都可以成为专题读后感记叙的对象。

【示例 6 - 4】

A Letter to Jane 教后感

随着科技、文化教育的进步发展,各国人民之间交流的日益增加,世界开始变得越来越小。要适应现代社会需要,学校开设的英语学科,其作用已不仅仅是单纯的语音、词汇和语法的叠加,而是学生通过英语学习来了解社会、了解世界,在学习语言的同时接受西方文化的熏陶,并让学生在交际化的语言训练过程中,学会大方自然的人际交往之道。作为一名英语教师,在碰到类似文化差异性情况时,应及时为学生进行对比,让学生更容易、更深刻地理解课文。

在教授课文 *A Letter to Jane* 的时候,我注重了渗透中西方文化的不同之处。首先,培养文化意识,加强对文化差异的敏感性和适应性。在教学过程中,加大语言信息输入量,适时介绍英美文化背景知识,风俗习惯等。引导学生在不同的语言环境中使用得体的语言,通过两种不同文化的对比,有意识地展示两种文化的共性和差异性。比如:中西节日的异同,我所教的此篇课文主要谈论到了西方的圣诞节,在引入文章时我着重把中西方最重要的节日进行了对比。中国最重要的节日是春节,我以问题 "How do our Chinese spend Spring Festival?" 引入话题,然后要求学生讨论回答。由于学生对本国的春节有着深刻的印象和深厚的情谊,学生发言非常积极,有的同学说到了春节时一家人要聚在一起吃年夜饭,有的同学说到了春节时放烟花爆竹,也有的同学说到了春节要走亲访友、贴春联、吃春卷,孩子们可以得到压岁钱等,内容丰富多彩,突出了中国节日的特色。通过对中国人如何过春节的讨论,增强了学生学习的兴趣和积极性,知道了我们中国人是怎样过节日的。

然而,西方人怎么过他们最重要的节日——圣诞节呢? 接着就顺利地过渡到了另一个问题 "How do western people spend their Christmas Day?" 然后让学生继续讨论,学生们讨论后得出:西方人在‘过圣诞节时通常会吃火鸡、会买圣诞树等装饰屋子、互致问候或互寄圣诞卡片、去教堂、孩子们盼望着圣诞老人带给他们最想要的礼物等。通过这两个节日的对比,帮助学生更形象地记住了西方人的圣诞节。其次,穿插英语歌曲,在此篇文章的教授时我穿插了歌曲 *We wish you a Merry Christmas*,在轻松愉快的过程中让学生感受西方的语言,歌曲的节奏、韵律很好地体现了英语的语音美和英语国家特有的文化内涵，将歌曲融入英语教学之中，能让学生轻松学习语言并感受到语言背后的人文因素。通过这种教学方法，使我深刻体会到作为一名中国人了解西方文化的必要性。因此，在课余时间我积极鼓励引导学生多接触英美原版的东西，如报刊、音乐、电影等，从中领略英美国家的风土人情、语言行为，体会英美文化与中国文化的差异。

英语教学是培养人、教育人的重要部分，它的教育、教学结果将体现在更大的范围，注重语言中的文化内涵才能在英语教学中开创出更为广阔的天地。

（本教后感由上海市南汇区大团初级中学周海渊老师撰写。）

上述示例就是将教学的过程作为反思的对象，对教学过程中发生的一系列事件进行了思考与分析。其实，着眼于课堂的不同方面，如教学设计、学生行为等都可以作出类似的反思与评析。

整体教后感常常不把反思的对象集中在教育教学的某一个具体问题上，而是总体把握教育教学各方面的行为，就其中突出的问题进行思考。例如，一堂课后，教师可以分析自己教学中的以下行为：这堂课是否达到了预期的教学目标？如果说达到了，标志是什么？如果说没有达到，标志又是什么？这堂课在哪些方面是成功的？在哪些方面还可以进一步改进？后续教学的打算有哪些？这堂课的教学设计与实际教学行为有哪些差距？我在课上是如何处理这些差距的？处理的方法是否恰当？这堂课上发生了哪些令我印象至深的事件？这些事件对我来说意味着什么？我以后需要关注什么？这些行为涉及教学的各个方面，虽然缺乏专题反思的针对性，但可以对自己的教育教学有较为完整的认识，有利于改进日后的教育教学行为。

（二）即时教后感与延迟教后感

即时教后感是教师在教育教学活动结束后立即对活动过程中的现象、问题或活动的成效等进行的反思。这种反思紧跟着教育教学活动进行，反思者可以在头脑中详尽地再现活动的场景等细节，对活动本身作出分析和评判。

【示例6-5】

一天下午，第一节语文课开课不久，我正认真实施教学，讲授的是一篇文言课文，却发现有个学生已经将头伏在课桌上。出于对他身体状况的猜测，也由于不想因此而打断了教学进程，我没有过多在意。可是没过一会儿，伏案的同学队伍在壮大，男女生都有，其中个别学生已进入半睡眠状态,已有鼾声传来,引得其他学生寻声窃笑,然后竟哄堂大笑起来。到底为什么学生提不起精神,瞌睡泛滥?或者说为什么语文课变成了催眠课?

课后,我找到了那些伏在桌子上的同学,询问他们为何不能坐直听课,他们垂着头述说的理由大多是昨天睡得晚,很累。看着他们耷拉着脑袋等待着挨批的样子,我总觉得原因没那么单一。

趁休息,我与这个班级其他课任教师交流了班级上课情况,得知理科教师上课时普遍没有此类现象。我提到的几位伏案同学有的还思维活跃、反应快捷。这样看来身体因素并非主要原因,也或许不是原因,我想或许是他们面对老师有所顾忌的一个借口。很多时候,教师被学生的谎言蒙蔽了,往往以批评教育学生而告终,没有从多方面、多角度去调查研究,反思自我。

于是,我想通过本周的随笔来了解学生对语文课的看法。因此,我不失时机地布置了随笔作业,题为"我眼中的语文课"。从作业反馈的情况,我了解了诸多学生的真实想法,也找到了问题的症结所在。那就是文言文上课形式与学生的精神状态直接相关。的确,回想以往文言文教学时,课堂气氛总是沉闷不堪、死水一潭,愈演愈烈也就发生了哄堂大笑的一幕。……

上述事例展现的是一位教师在课上注意到学生的表现,并迅即对这些表现背后的原因进行分析的过程。教师及时发现课堂上学生出现的问题,将问题作为反思的着力点,力求使自己的教学在以后避免产生类似的现象。整个反思的过程与教学问题的发现、分析解决过程共始终,一定程度上强化了教学的针对性和有效性。

有的时候,教师可能由于这样或那样的原因,没有马上对课堂或其他教育情景中的事件作出系统思考,而是在以后结合其他教育事实对其进行综合性的批判性的分析。这种反思因其反思时间的滞后,可以称为延迟教后感。

【示例6-6】

在教学过程中,我逐渐发现这样一种现象:学生年级越高,举手回答问题的就越少,进入高中后几乎没有学生主动举手回答问题了。在这种情况下,我在课堂上常常无奈地采取"点将式"、"火车式"等方式提问。这加重了学生对回答问题的逆反心理。一些学生也承认自己有心理障碍,手就是举不起来。那么,如何改变这一现实,激发学生的学习积极性呢?

围绕这一问题,我结合新课程的学习觉得学生在课堂上应该享有一定的权利。首先,他们应该有犯错误的权利。在以前的课堂提问中,我一般都比较重视纠正学生的错误,忽视了学生所应享有的犯错误的权利。其次,学生有自由选择的权利,即有选择回答教师提问的权利,对于自己不感兴趣的问题他可以不回答或拒绝回答。而在以前的课堂教学中,对于我的提问,学生是没有这样的选择权的。再次,学生应该有评价权。过去学生回答问题主要是由我进行评价,而作为主体的学生是没有评价权的。这种不合理的状况亟待改变。

这位教师的反思不是在事件发生后马上作出的,甚至不是针对某个具体的教育事件的。这种事后反思常常是汇总多个类似的事件后综合分析得出的,是对不同事件相同意义的挖掘和整理。

训练提示

1. 收集一些教后感的案例,分析其写作方式和技巧,对自己撰写教后感提出设想。

2. 选择正在学习的某一学科的某一堂课,记叙自己的学后感,分析该节课学习后的收获、体会等。

3. 回忆自己已有的教学经历,对印象最深的那节课进行思考,分析利弊得失、后续改进设想等。

三、教学案例的撰写

每一位教师在其教育教学生涯中,都会遇到这样或那样的事件,你可能会面对一些学习困难的学生,也可能会面对一些学业成绩优良的学生;你的学生中,有些人某门或某些课程较好,而其他学科却显得薄弱;有的学生认知与情感发展不均衡。你也会在课内外教学组织中遇到这样或那样的一些难题,在与同事和学校管理者交往中有时会应对自如,有时也难免会手足无措。诸如此类的事件,实际上都可以经过一定的思维加工,以案例的形式体现出来,成为大家共同探讨的对象。可以说,案例性事件在你教学生涯中是层出不穷的,从你清晨跨进校门起到傍晚离开学校,都会有一些值得你回味的事例。

这些事件或事例,就完全可以以案例的形式表现出来。这里所说的教学案例是指含有教学问题或疑难情境在内的真实发生的典型性事件。从这一概述中,可以看到,对事物的静态的、缺乏过程把握的描述不能称之为案例,信手拈来的、没有问题或疑难情境在内的事件也不能称之为案例,不以客观真实为基础、缺乏典型意义的事件也不能称之为真正的案例。

（一）教学案例的作用

其一，案例写作为教师提供了一个记录自己教育教学经历的机会。教师在日常教育教学中遇到的一些事例，通过案例写作的形式再现出来，实际上也是对其职业生涯中一些困惑、喜悦、问题等的记录和描写。如果说每个教师展示其自身生命价值的主要所在，是在课堂、在学校、在与学生的交往中，那么案例在一定程度上就是教师生命之光的记载。在案例中，有教师的情感，同时也蕴涵着教师无限的生命力。记录、记载本身也承载着深深的历史感，每一时期、每一阶段的案例，在很大程度上可以折射出教育历程的演变。它一方面可以作为个人发展史的反映，另一方面也可以揭示社会大背景下教育的变革历程。

其二，案例写作可以促使教师更为深刻地认识自己工作中的重点和难点。能够成为案例的事实，往往是教师工作中难以化解的难题。教师自己在对教学经历进行梳理的过程中，头脑中印象深刻的常常是那些自己感到困惑不解的事实材料。这样一个梳理过程，会强化教师对自己教学能力的认识，让教师把注意力集中在一些根本性问题上，同时也帮助教师认识他在处理这些问题上所具有的学识，以及存在的不足。如果教师对案例的写作成为一种习惯，那么随着案例材料的增多，就逐渐会发现自身工作中的难点到底在哪里，以后努力的方向应该是什么。

其三，案例写作可以促进教师对自身行为的反思，提升教学工作的专业化水平。许多教师只有在期末或年终学校评价自己的工作时，才会系统地反思自己的教育教学行为。而关于自己教学工作中的"是什么"、"为什么"、"如何做"等问题极少有意识地加以探讨。案例写作，在很大程度上可以扭转这种现象。它虽然不与教师职位的升迁相关联，但它可以帮助教师反思自己的工作，可发现问题，并进而澄清有关问题。这实际上可以极大地促进教师的专业发展，促使其向专业化水平迈进。案例写作如果能够渗透在教学过程的始终，而不只是一时冲动或岁末特有的行为，也就把反思当成常规工作了。

其四，案例写作为教师之间分享经验、加强沟通提供了一种有效的方式。教师工作主要体现为一种个体化劳动过程，平时相互之间的交流相对较少。案例写作是以书面形式反映某位或某些教师的教育教学经历，它可以使教师相互间有效地了解各自的思想和行为，使个人的经验成为大家共享的资源。通过案例，教师知道自己的同事在想些什么、做些什么、面临的问题又是什么、提出的相应对策有哪些。在这种情况下，他也会思考：假如我面临同样或类似的问题该如何处理？在我的教学经历中，是否有同样的或类似的经历，能否进一步形成案例？等等。这种做法，可以形成一种新的教师文化。大家通过个人分析、小组讨论等,认识自己所从事工作的复杂性,以及所面临问题的多样性,并且可以把自己原有的缄默知识提升出来,把自己那些只可意会不可言传或不证自明的知识、价值、态度等,通过讨论和批判性分析提取出来。

(二) 教学案例的基本格式

案例的写作几乎没有一个统一的格式,即使是在哈佛商学院,案例也没有一个为人人所遵循的模式化的"写法"。但从案例所包含的内容来说,一个相对完整的教学案例大致都会涉及以下几方面:

1. 标题

案例总是有标题的,总是要借助标题反映事件的主题或形貌的。有些教师不给案例定标题,或者标题就叫"案例",这就使标题要发挥的提供信息、反映主题的重要作用淡化甚至消失殆尽了。一般地说,案例有两种确定标题的方式:一是用事件定标题,即用案例中的突出事件作为标题,如反映课堂教学事件的"哄堂大笑以后",反映与学生交往行为的"闷葫芦会讲话了"等;二是用主题定标题,把事件中包含的主题析离出来,作为案例的标题,如反映课堂教学过程中教师受学生启发的"学生给了我启示",反映教师引导学生行为转变的"化解学生对学校生活的恐惧"等。两种定标题的方式都是允许的,也各有千秋,前者展示的事件,吸引读者进一步了解相关的信息;后者反映的主题,能使读者把握事件要说明的是什么。

2. 引言

引言也可以说是开场白,一般有一两段话就可以了,主要描述一下事件的大致场景,大致反映事件可能涉及的主题。在案例中之所以有"引言",一是有些案例篇幅较长,事件以及主题都需详尽阅读和分析后才能把握,引言可以使读者对案例的事件和主题大致有些了解;二是案例的叙述都相对较为详细,引言可以起一个"先行组织者"的作用,使读者有一种阅读上的"心理准备"。

3. 背景

案例中的事件是发生在一定的时空框架之中的,是依托一定的背景的。在案例的叙述中,对背景的交代之所以重要,是因为对案例中问题解决方法得当与否的分析、评判离不开背景,完整地把握事件的来龙去脉也离不开背景。背景的叙述可分为两个组成部分,即间接背景和直接背景。所谓间接背景是指与事件相关但关联程度并不直接的背景,所谓直接背景是指直接导引事件发生与事件联系至为密切的背景。一些教师善于描述事件,但常有意无意地忽略背景的描述,因为他们注意的焦点主要在问题的发生与解决上。实际上,背景的描述同样也是极为重要的,不同背景解决问题的方式与方法可能会有很大差异。并且案例写就以后,读者在分析案例时,也需要参照背景对解决问题的方法作出评论。在直接背景与间接背景的描述上,一般间接背景在前,略写;而直接背景在后,详写。

例如,一位老师以"一个语文老师与学生的故事"为题,就是用下列引言和背景描述事件发生的。

【示例 6 - 7】

偶然的原因,我成了 117 班的语文老师,开始了我与他们之间的故事。(引言)

117 班是从其他班级分出来的,学校原先有个商业文秘的混合班级,学生人数实在太多,老师站在讲台上看最后一个学生,提起脚跟也看不清。班级之吵闹,令上课老师纷纷寻找理由退却。于是,出于管理的需要,学校将这个班级一分为二,这新多出来的班级,再逐一配备各学科老师。我并不了解这个班级的状况,领导出面做工作让我教这个班语文,我就允诺了。当然这有些轻率的允诺背后,自然也有着几分骄傲自大的因素,以为自己的能力还可以,教任何班级问题不大。曾经教过全校闻名的"霸王班",工作也小有业绩,并与学生结下了深厚友谊。这个 117 班难道比那个班还难教? 所以,上任的速度很快。此后,我才逐渐了解到,学校是在找了好几个语文教师均遭拒绝的情形下,才找到我的。我的允诺让领导大感轻松,而我却陷入了从未有过的困惑之中。(背景)

在这个案例的引言和背景部分,作者用的笔墨并不多,但给读者提供了了解故事内容的框架性认识。阅读这一部分之后,读者可以知道故事涉及的人物是"我"与"117 班的学生",而"117 班"是因为管理的需要,从其他班级分出来的。出于对自己的信心,"我"在并不十分了解这个班级的情况下,接手了该班的语文教学任务。后来"我"了解到好几个语文教师曾拒绝教这个班,"我"轻率的允诺给自己带来了从未有过的困惑。所有这些背景信息,都对我们了解问题的产生和解决等产生重要的影响。

4. 问题

案例区别于一般事例的最大特点就在于有明确的问题意识,是围绕问题来展开的。在论述中,需要讲明问题是如何发生的,问题是什么,问题产生的原因有哪些。这部分内容主要是展示问题。在案例撰写的初期阶段,可以较为鲜明地提出问题,让读者直接获得有关问题发生的各种信息;而随着案例撰写的深入,则需要将问题与其他事实材料交织在一起,通过读者的分析再确定问题的所在。尤其是用于教师培训的案例,要能够给被培训教师一种问题的现场感,就更需要将错综复杂的情景真实地再现。

上述案例对问题作了如下描述:

【示例 6 - 8】

　　第一次上课，我给学生讲了两个故事：一是日本两个著名武士的故事——"留一只眼睛给自己"，想告诉学生学会反思比简单刻苦更重要。二是外国教育家的故事，想告诉学生，自由掌握在每一个人手中。并抛给学生一个问题："你们希望老师我怎么对待你们，是亲切的笑脸，还是一脸的严肃？"可当我讲完之后，学生没有想象中的安静，或者热烈地讨论，似乎我什么也没说，他们该怎么还是怎么。我从学生的反应中知道，这个班级不太好教。心里顿时蒙上一层阴影：以后的教学不会太顺利。……

　　苦恼中的我一直在琢磨，到底什么原因造成了这个班级的现状呢？同时也在繁重教学之余跟学生聊天（是聊天而不是训斥），终于了解到班级的一些特殊情况。……

　　这个案例通过对一些事件的描述，揭示出案例当中的问题是"学生并不欢迎我这个老师"，对教师充满戒备和排斥心理。在认识到这个问题的基础上，"我"通过各种方式进一步了解问题产生的原因，弄清问题的症结，思考自己解决问题的打算。

5. 问题的解决

　　问题发现以后，解决问题就成了重要的一环。这部分内容需要详尽的描述，要展现问题解决的过程、步骤，以及问题解决中出现的反复、挫折，也会涉及问题解决初步成效的描述。这部分内容在一定程度上，是整个案例的主体，切忌把问题解决简单化、表面化。案例这种文体之所以与其他文体不同，一个突出的特点就在于它对问题解决过程的细致描述。当然，在教育教学中也会遇到一些尚未解决的问题，将这样的问题形成案例时，虽然真实的解决问题的过程还未出现，但可以把解决问题的种种设想和打算罗列出来，以供读者参考、评论。

　　上述案例是这样描述问题解决过程的：

【示例 6 - 9】

　　117班的问题之严重，解决已是迫在眉睫的事。经过再三思考和比较，我决定还是坚持原来的原则，对学生采取温和的态度，继续与他们对话，使他们能清楚地知道自己目前的状况，能够意识到自己的错误认知，不仅会影响升学，而且也会影响踏上社会后的工作与生活。对于这些"固守己见"的大孩子，直接讲道理不能讲得太多，学生在没有接受我这个人之前，很难接受我的观点。我必须从感情上入手，首先让他们在感情上接受我这个老师，而后使其接受我的教育理念和观点，最后主动接受我所教学科的知识。这或许是行之有效的策略。……

新编教学工作技能训练

"我"通过与学生建立良好感情的方法,经过艰苦的努力,使学生逐渐认可了"我"这个教师,问题在一定程度上得到了解决。

6. 反思与讨论

在工商管理的案例中,大多没有反思与讨论这部分内容,常常是在案例后面所列出的思考题中反映出案例作者自身的一些想法与思考。而教育教学的案例不像工商管理案例那样是由专业研究者写就的,而是由教育教学第一线的教师自己完成的。撰写案例的过程,也就是对自己解决问题的心路历程进行再分析的过程,同时也是梳理自己相关经验和教训的过程。因而,系统地反思自身的教育教学行为,对于提升教育智慧、形成自己解决教育教学问题的独特艺术等都至关重要。反思与讨论主要涉及的问题有:问题解决中有哪些利弊得失? 问题解决中还发现存在哪些新的问题? 在以后的教育教学中,如何进一步解决这些新的问题? 问题解决中有哪些体会、启示? 等等。

上述案例中的老师,就是从多个角度来反思问题解决全过程的。其中有这样两段文字:

【示例 6 - 10】

　　首先,作为个人而言,我是第一次担任高三年级的课任老师,思想与经验的准备皆不够充分,不管怎么设想高三学生情况,还是有点猝不及防。教优秀的班级自然障碍少许多,教松散的班级确实有一定的难度。高一、高二的学生毕竟好教,尤其是从一年级就开始教,学生从一开始就认可了你,自然一切都较为顺手。到高三去接任一个完全陌生的班级,接触完全陌生的学生,自然很难。学生对你会比较冷漠和挑剔,会同他们先前的老师相比,排斥和拒绝也在情理之中。毕竟,职高生的认识水平与判断能力有一定的局限,与同龄的普高生还是有差距的。另外,由于升学的压力,自己的情绪也有一点紧张,势必影响到师生的相处。

　　我一直以为自己对教育学、心理学以及学生的心理有一定的研究,以前工作一直比较顺利,周围的领导和同事对自己的评价一直较高,自己就有点满足,有些大意,对困难的准备不够。没想到迎面碰上高三年级的刺头班,就是软硬不吃,让我无从着手。再三碰壁之后,只好回到教育的起点,从人开始,从认识学生、与学生交朋友做起。教育工作真是半点偷懒不得,半点省略不来。我的大意,让自己无端地兜了一个圈子,浪费了一些宝贵的时间。与人打交道的学问,真是永无止境,教到老,学到老。

　　(本案例由杭州顾连梅老师撰写。)

反思与讨论并不见得要面面俱到,选择重要的方面或印象深刻的方面加以思考也就可以了。

7. 附录

并不是每个案例都有"附录"部分,是否安排"附录",要视案例的具体情形而定。"附录"中的内容,是对正文中的主题有补充说明作用的材料,若放在正文中,会因篇幅过长等问题影响正文的叙述。例如,在以课堂教学改革为主题的案例中,可选取一节典型性的课堂教学设计或者是选取某位学生的作业置于文后作为附录。

上述案例包含的内容不是案例的形式结构,也就是说,不见得每篇案例各组成部分都按上述形式确定。只要在案例相关内容的叙述上,考虑到以上几个要素并按照一定的逻辑结构加以组合就可以了。

什么样的案例才是一个适宜的、好的案例?美国的一些学者通过调查,提出了一个好案例的标准,撰写案例时不妨对照检查。这些标准如下:

一个好的案例应讲述一个故事。像所有好故事的标准一样,一个好的案例必须要有有趣的情节。要能把事件发生的时间、地点、人物等按一定结构展示出来。当然在这中间,对事件的叙述和评点也是必要的组成部分。

一个好的案例要把注意力集中在一个中心论题上,要突出一个主题,如果是多个主题的话,叙述就会显得杂乱无章,难以把握事件发生的主线。

一个好的案例描述的是现实生活场景,应该反映的是近五年发生的事情,因为这样的案例读者更愿意接触。

一个好的案例可以使读者有身临其境的感觉,对案例所涉及的人产生移情作用。

一个好的案例应包括从案例反映的对象那里引述的材料。例如,反映某个学校或某个班级的案例,可引述一些口头或书面的、正式的或非正式的材料,以增强案例的真实感。

一个好的案例需要对面临的疑难问题提出解决方法。

一个好的案例需要有对已经作出的解决问题决策的评价。也就是说,一个好的案例不仅要提供问题及问题解决的方法,而且也要有对这种解决问题方法的评价,以便为新的决策提供参照。

一个好的案例要有一个从开始到结束的完整情节,要包括有一些戏剧性的冲突。

一个好的案例的叙述要具体、特殊,也就是案例不应是对事物大体如何的笼统描述,也不应是对事物所具有的总体特征所作的抽象化的、概括化的说明。

一个好的案例要把事件置于一个时空框架之中,也就是要说明事件发生的时间、地点等。

一个好的案例要能反映教师工作的复杂性,揭示出人物的内心世界,如态度、动机、需要等。

四、教学课例的撰写

前面我们介绍了教学日志、教后感、教学案例三种研究方式与成果表达形式,这些形式以不同的方式和文体反映着教师在实践中的思考和研究。实际上,在教学反思中,除上述三者外,教师还常常会综合地使用以上方式,将多个不同的方面汇总在一起,全方位、多侧面地体现研究成果。教学课例就是一种较为典型的形式。

(一) 教学课例的含义

关于教学课例,有着不少近似的提法,如教例,也存在着不少不同的认识,如有人将教学课例等同于教学实录或课堂实录。对于这些提法和认识,至少需要形成下列基本判断:如果教例是教学课例的简称,两者是可以通用的,但如果将教例看作是德育上的案例或例证的话,两者则不宜混用;教学实录或课堂实录虽然也是研究的一种方式,但如果仅限于实录本身,没有相应的反思行为,也就不能充分反映该教学所具有的典型性,缺乏"例证"的价值,降低研究本身的功用,称之为教学课例也就不恰当了。

教学课例与教学案例也是容易混淆的两个概念,两者的区别在于案例自始至终是围绕特定的问题展开的,是以问题的发现、分析、解决、讨论为线索的;而课例展现的是某节课或某些课的教学实际场景,虽然其中也包含着问题,但问题可能是多元的,没有明确的问题指向的,并且对实际情景的叙述和师生对话的描述等常是列举式的,不像案例那样经过细致加工。两者在文体的结构上也有一定的区别,案例的表达形式一般表现为"背景+问题+问题解决+反思讨论",课例的表达形式一般表现为"教学设计+教学实录+教学反思"。

(二) 教学课例的基本形式

教学课例从设计到反思,是教师研究运行的基本过程,涉及教师研究的基本环节,在实际操作中,有着各种各样不同的变式,以下是几种较为常见的形式。

1. 教学设计总体思路＋教学情境细致描述＋专题教学反思

这种形式在介绍教学设计意图的基础上,对教学过程中的场景加以详尽叙述,再现课堂教学全过程,使读者有身临其境之感,并且就教学中发现的某一问题进行专门思考和讨论。

【示例6－11】

[教学设计]

教学目标

1. 识记与理解

说出美国领土向西部的扩张过程,了解《宅地法》和《解放黑奴宣言》两个法令;理解美国南北战争爆发的原因以及南北战争的性质和意义。

2. 能力与方法

(1) 课前搜集有关南北战争的史料,提高获取历史信息的能力。

(2) 讨论"没有林肯,会不会爆发南北战争",发展辩证思维能力。

(3) 正确评价林肯,体会个人在历史中的作用。

3. 情感、态度与价值观

(1) 感悟平等、民主是历史发展的潮流,树立平等、民主意识。

(2) 从学习中感受林肯的不屈不挠、积极进取精神,养成百折不挠的个人品质。

教学重点与难点

1. 重点:南北战争爆发的原因以及对林肯总统的评价。

2. 难点:南北战争爆发的原因以及战争的性质。

教学准备

1. 教师准备:准备《哦！船长！我的船长》这首诗和印第安人西迁的图片;搜集美国领土扩张和南北战争相关的材料;制作多媒体课件。

2. 学生准备:分小组从三个方面搜集林肯的相关史料:(1)平民化的林肯,(2)雄辩的演讲者,(3)不屈不挠的斗争精神;作好"黑奴拍卖会"表演准备;课前阅读《汤姆叔叔的小屋》。

[教学情境]

导入新课

(多媒体展示:惠特曼的抒情诗《哦！船长！我的船长》)

教师:让学生一起朗诵《哦！船长！我的船长》这首诗,并体会诗的内涵。

（在背景音乐的伴奏下学生声情并茂地朗诵。通过由文学导入历史的学习，激发学生学习的兴趣。）

教师设问：在这首诗里面，"已倒下的船长"是指谁？（教师出示林肯的照片以作提示。）

教师继续设问："险恶的航程"是指什么？

（学生从提示中可以回答出"美国的南北战争"这一主题，从而导入新课。）

教师：林肯是美国历史上的一位维护国家统一，主张废除黑人奴隶制度的总统，却在1865年4月14日晚观看戏剧表演时遇刺身亡，你想知道他为什么会被刺杀吗？那就让我们一起来了解这场决定美国命运的南北战争吧！

学习新课

美国南北战争

（点击出现：美国领土的扩张）

（教师引导学生回忆第一学习主题"美国的独立"中相关内容，引导学生认识到当时美国领土狭窄，不利于资本主义的发展。）

教师：美国刚获得独立时的领土面积只有九十多万平方公里，为了满足资本主义发展需要，美国不断向西扩张。

（多媒体展示美国领土动画示意图并作简单介绍，让学生了解美国领土扩张的过程。）

教师：为了对西部土地进行开发，向西部移民是一个重大举措，在移民中最具代表的是土著印第安人。

教师问：他们在西迁的过程中生活状况怎样呢？

（多媒体展示印第安人西迁的图片，引导学生从人口和土地的变化看待他们悲惨的遭遇。）

教师：看来，美国的西进运动是印第安人的一部血泪史。

[教学反思]

本课在设计时以《义务教育历史课程标准（实验稿）》和四川教育出版社版历史教科书为依据，将历史课程的"三维目标"贯穿于教学设计中。

作为该课教学内容"美国南北战争"，它承接美国的独立，在美国历史上占据重要地位，而课本内容囊括有限，因此，对该课的设计不能局限于课本教学资源，需要让学生在课前搜集有关史料，培养他们通过多种途径搜集和处理历史信息的能力；教师也需要利用多媒体课件，对大量的史料进行取舍,并合理安排。

历史教育是公民教育,培养学生的综合素质是本课设计的宗旨。首先,本课开始时通过诗歌朗诵的方式让学生通过文学的感悟进入史学的殿堂,激发学生学习的兴趣,随后利用多媒体直观、形象地展示美国领土扩张的过程,使课堂形象、生动。其次,在对美国的西部大开发运动的评价上,既要看到它的弊端,更要看到它对美国经济发展的巨大作用,让学生把中国的西部大开发与美国的西部大开发进行比较,使学生体会到社会主义的优越性,并进行爱国主义教育;通过让学生对黑奴拍卖会的扮演,让他们通过角色转换来体验历史,既增加了课堂的生动性和趣味性,又培养了学生爱憎分明的思想感情,为理解下一步的废奴运动作了铺垫。再次,让学生从不同的角度介绍林肯以及让学生与林肯的位置交换,不但培养他们口述历史的能力,而且培养他们的历史感悟能力,在课堂上设置讨论,培养学生从不同的角度去看待历史现象和分析历史问题的能力。最后,在课堂的延伸中设计了从美国的南北战争看待中国的台湾问题,使历史与现实有机结合,使学生感受历史学习的巨大作用和意义;作业的设计是课外阅读思考:如果战争结果不是这样,设想美国现在是什么样? 该问题培养学生丰富的想象力;通过写关于战役介绍的短文,培养和锻炼学生撰写历史小文章的能力。

当然,本课的教学也有不足之处,有的问题设置较简单,南北战争的性质的讨论还需深入。这些需要在教学中不断改进。

(本教学课例由四川师范大学历史旅游学院陈钧撰写。)

上述课例的教学设计,教师没有详尽地介绍教学目标的确定、方法的选择、内容的组织等,而是分析了新课程改革的新理念,思考了这种理念转变为教师素质的基本要求。这在一定程度上保证了教师摆脱重复、机械的教学行为,为课堂教学行为的改变提供了方向。对课堂教学中的师生互动情景,案例做了事无巨细的介绍,让没有到现场听课的读者也能有一真切的了解,明了课堂上发生了什么,教师是如何处理课堂上的一系列事件的。所有这些描述为教师有针对性地进行反思活动提供了素材和保障。由于在教学设计环节,教师仅仅是从教学出发点的角度谈了一些整体性、概括性的想法,没有细致分析教学的具体步骤,因而在教学反思中,教师一方面对教学设计环节做总体说明,另一方面将具体的教学设计与实际教学进程的差距作为反思对象,分析自己在课堂上是如何捕捉和利用随机出现的信息促成课堂的动态生成的。这种反思是以具体问题作为切入点的,可以称得上是"小题大做",但也正是这种"小题大做"彰显了反思的质量,提高了反思的水平,使反思带有更强的"研究"意味。

2. 教学设计说明＋提炼后的教学场景＋总体教学反思

这种形式首先对教学设计作简要说明,然后对教学过程中产生的实际素材进行加工,呈现出教学的总体进程,最后再对教学做总体性的反思。

【示例 6 - 12】

课程标准倡导探究式教学,以提高学生的科学素养。这里,以人教版《义务教育课程标准实验教科书·生物学》七年级上册中的"细胞如何构成植物体"一节为例,谈谈如何开展探究式教学及课后的收获和体会。

[教学设计]

从微观上看,植物体由许多细胞构成,这是学生已有的知识;从宏观上看,植物体是由六大器官构成,这些学生可以直接感知。那么细胞是如何构成器官的呢? 这在平时学生的生活中是无法用肉眼看见的,因此,将这一知识点定为植物体结构层次里的难点问题。本节教学的重点是:组织、器官的概念,绿色开花植物的器官组成及结构层次。

[教学过程]

教师创设问题情景。先让学生观察一株完整的绿色开花植物体及几种绿色开花植物(带六大器官)的图片,让学生获得对器官的感性认识。

教师引导学生提出问题。从微观上看植物体由许多细胞构成,从宏观上看,植物体是由六大器官构成,根据这些知识,同学们还有什么问题没有解决? 由此引出课题。

探索"细胞是如何构成器官"的步骤:①提出问题:细胞是如何构成器官的? ②提出假设:细胞先形成一定结构,再形成器官。③实验设计验证假设:为了避免个别的结论来代替一般的情况,故设计了取一个器官的各部分做成临时装片放显微镜下对比观察和多种不同器官的重复实验。④实验材料:番茄果实(无籽)、根的纵切面装片、叶的横切面装片。考虑到教学课时及学生现有的知识和能力,对番茄果实(器官)采用课堂上制作各部分结构的临时装片的方法,对叶和根采用观察永久装片的方法。其方法步骤按表 6 - 1 的程序进行。

表 6 - 1　"细胞如何构成植物体"一节的教学过程

方法步骤	教师指导	学生活动
一、观察番茄果实的结构	1. 肉眼看番茄果实的结构分为几部分? 2. 取表皮制作临时装片,放显微镜下观察	观察回答问题

方法步骤	教　师　指　导	学生活动
1. 宏观观察 2. 微观观察 引导分析 实验结果 得出结论	要求： （1）画图记录观察结果（画几个细胞） （2）思考如何用语言描述：表皮细胞长得怎么样？有什么作用？这些细胞形状大致一样吗？细胞结构相同吗？它们的功能是不是一样？ 反馈交流 教师评价并指出，表皮：细胞都是蜂窝状，连接紧密、整齐；结构一样；它们的壁很厚 把构成表皮的这些形状相同、结构相同、功能相同的细胞群叫组织。表皮在果实的最外面，起保护作用的叫保护组织	制作装片 观察 记录 思考 学生用实物投影仪汇报观察结果——表皮细胞图
	3. 挑取果肉制作临时装片，放显微镜下观察 （1）画图记录观察结果；（2）思考如何用语言描述：果肉细胞长得怎么样？有什么作用？这些细胞形状大致一样吗？细胞结构相同吗？它们的功能是不是一样？ 反馈交流 教师评价并用图片讲述，果肉：细胞都是卵圆形，排列松散，结构一样；它们的壁很薄，有大液泡。把构成果肉的这些形状相同、结构相同——壁薄、含丰富营养的细胞群叫营养组织	制作装片 观察 记录 思考 学生用实物投影仪汇报观察结果——果肉细胞图
	4. 挑细丝制作临时装片，放显微镜下观察 方法：把果肉一层一层地挑，就会看到一些黄细丝，挑一根，放载玻片上，在放盖玻片之前先用手压一下 （1）对照细胞分化示意图中的输导组织图进行观察 （2）画图记录观察结果 反馈交流 教师评价并用导管的图片讲细丝细胞的结构特点，指出细丝是由许多管状细胞构成的细胞群，属于输导组织 提问：根据观察结果，得出什么结论？	制作装片 观察 记录 思考 学生用实物投影仪汇报观察结果——细丝细胞图

方法步骤	教　师　指　导	学生活动
二、观察根尖纵切面的永久装片 引导分析 实验结果 得出结论	观察内容及思考:根据细胞的形态特点分为几部分? 　反馈交流 　教师评价并用根尖的纵切面图片讲解根尖的四部分细胞结构特点及所属组织 　提问:根据观察结果,得出什么结论?	观察思考 汇报观察结果 回答问题
三、观察叶的横切片 引导分析 实验结果 得出结论	观察内容思考:分几层?各层细胞的形态是否一致? 　反馈交流 　教师评价并用叶的横切装片讲解叶三部分细胞结构特点及所属组织 　提问:根据观察结果,得出什么结论?	观察思考 汇报观察结果 回答问题

　　此后,对实验结果进行分析:番茄的果实、根、叶都是由几种组织按一定的次序排列起来的结构,它们都有一定的功能。得出结论:细胞先构成组织,再由组织构成器官假设成立。学生讨论:什么叫器官?绿色开花植物的结构层次是什么?总结:绿色开花植物的结构层次是:细胞→组织→器官→植物体。

　　[教学反思]

　　通过探究实验,有助于重点和难点的突破,有助于对知识的理解和记忆。在课上学生亲自取器官的各部分,并做成临时装片在显微镜下观察,通过自己的观察、对比、分析、得出结论。不仅解决本课的难点问题,而且有助于对组织、器官概念的理解,达到既突破重点,又解决难点的双重作用。另外学生亲自做实验,得出结论,这样获得的知识,记忆深刻。课后,我对五个班的学生就"绿色开花植物的结构层次","器官、组织的概念"进行测验:结果非常理想:"结构层次"100%的学生答对,对"组织、器官的概念"95%的学生写得很完整。

　　通过探究实验,为学生学习提供了广泛的空间,在整个过程中,学生是主体,是积极的参与者。从发现问题、提出假设及设计实验到观察现象、分析实验结果、得出结论,学生都在积极地参与,亲自动手实验,展开思维活动。在各个教学环节中,教师始终处于主导地位:从引导发现问题、提出假设及实验设计,到指导学生实验、规范操作,最后再引导学生分析实验结果得出结论。由于动手动脑,亲身体验获取知识的过程,所以学生保持了求知的积极状态、积极情感,学生在探究过程中获得知识,形成能力,感觉有趣又愉快。另外学生根据已有的知识和能力,在课堂上通过探究获得新知识,有当小科学家的成功体验,有利于提高学生学习生物学的兴趣和热情。

（本示例由北京市三帆中学吕向阳撰写。）

上述课例对教学设计仍然没有涉及具体内容,只是概略地说明了这节课教学的总体要求,介绍了教学设计的总体意图。它没有像第一个案例那样分析教学应该秉承的理念,而是更多地把注意力集中在了具体的内容和要求上。作者对教学实际场景作了提炼和加工,把教学中实际积累的素材经过分析后,分解为三个不同的教学步骤,并用这些步骤来统辖相关的一系列具体内容,使教学摆脱了零散的甚至是杂乱的信息场景,呈现出一定的脉络和线索。作者的反思也是依据教学的诸环节进行的,思考的是每一教学环节中学生的行为以及教师所作出的相应的指导,是通过对教学进程的重新梳理来探讨教学中的师生互动问题的。

3. 教学设计＋教学片断＋教学反思

这种形式与前两者最大的区别在于,在教学实录中截取一些代表性的片断,在呈现这些片断的基础上,着重对其中蕴涵的问题进行反思。它既不同于第一种形式原汁原味地再现教学的整个过程和场景,也不同于第二种形式将实录素材作剔弊理纷的处理,而择其要者展开分析。

【示例6-13】

［教学设计］

教学目标

1. 使学生了解澳大利亚的地形、气候、水文、动物等自然地理特征;了解澳大利亚丰富的资源条件;了解澳大利亚农牧业的分布规律;了解"坐在矿车上"和"骑在羊背上"的含义。

2. 通过阅读分析澳大利亚地形图、农牧业分布图,进一步培养学生读图用图的技能和综合分析问题的能力。

3. 通过澳大利亚自然地理和人文地理要素及它们之间相互关系的分析,使学生认识到自然环境是一个统一的整体,认识到人类活动与地理环境之间相互影响、相互制约的关系以及人类应因地制宜地发展生产的道理,加强对学生的人地观教育。

教学重点

1. 从地形和气候因素分析澳大利亚农牧业地区差异的原因。

2. 澳大利亚的主要矿产资源及其分布。

教学难点

1. 澳大利亚多特有古生物的原因分析。

2. 从地形和气候因素上分析澳大利亚农牧业地区差异的原因,进而理解因地制宜发展生产的重要意义。

教学方法

主要运用讲授法、讨论法、综合分析法等。

[教学片断一]

视频播放录像:袋鼠。

教师:大家知道这是什么动物? 是哪个国家特有的吗?

学生:澳大利亚特有的动物——袋鼠。

教师:今天咱们就来学习澳大利亚。

首先我们来看一下澳大利亚的地理位置。

引导读图:出示"澳大利亚在世界中的位置图"并闪烁澳大利亚部分,引导学生分析讨论以下问题,明确其地理位置。

(1)半球位置;(2)海陆位置;(3)纬度位置。

教师:澳大利亚位于南半球,是一个独自占有一个大陆的国家。其独特的地理位置使澳大利亚大陆分布着丰富的古老生物物种(播放"澳大利亚动物园"视频资料)。其中有:腹部有口袋以保存幼兽的大袋鼠;形似驼鸟、三趾足、两翼退化、不能飞翔的鸸鹋;世界特有的卵生哺乳动物鸭嘴兽;憨实可爱的考拉,等等。看到它们,仿佛进入到遥远的地球演化年代。

教师:国徽是一个国家的象征,在澳大利亚的国徽上有两种特有的动物。你知道它们是哪两种吗?(出示澳大利亚国徽)

学生:袋鼠和鸸鹋。

教师:袋鼠是澳大利亚的标志,是澳大利亚人生活中的一道重要风景。袋鼠拖着美丽的长长尾巴,怀藏可爱的小袋鼠,跳跃着前进在澳大利亚广袤的牧场上、洁净的城市里。

鸸鹋是澳大利亚特有的动物,它比驼鸟更高大,是世界上最大的鸟之一,不过翅膀和尾巴已退化,不会飞翔,但善于飞跑,有"飞毛腿"之称,并能连续长跑,因此赢得了"长跑运动员"的称号。

教师:其实,澳大利亚还有许多世界上特有的植物,例如桉树等。因此,有人把澳大利亚称作"世界活化石博物馆"。

下面请同学们来讨论以下两个问题：

（1）澳大利亚长期孤立地存在于南半球的海洋上，对生物的进化会有什么影响？

（2）南极大陆为什么特有生物少呢？

学生：对上述问题进行讨论，分析，得出他们自己的观点，在班级中进行交流。

教师：对问题进行总结。分析：①几千万年以前，澳大利亚大陆就同其他大陆分离，长期独自占领着南半球的一块大陆，自然条件比较单一，动物的演化很缓慢，至今还保存着许多古老的种类；②南极大陆由于自然条件太恶劣，不利于生物的生存，没有留下大量的特有生物。

教师：请一名同学来读一读有关澳大利亚动植物资源种类的阅读资料，同学们可以从中体会一下澳大利亚这个"世界活化石博物馆"的含义。（可以请同学们谈一谈自己的感受）

学生：谈自己的具体体会和感受。

教师：（过渡语）澳大利亚尽管古老的动植物多，但如果从数量的多少来说的话，澳大利亚在世界上更令人惊叹的是，这个国家居然有将近两亿头羊，是世界上拥有羊最多的国家。所以澳大利亚被称为"骑在羊背上"的国家。

教师：我们日常生活中接触过与澳大利亚有关的农牧产品吗？

学生：回答、举例等。

[教学反思]

本节课围绕教材三个非常形象的标题，用解疑的方式，从动物的独特性，先引出位置特点；从发达的养羊业，引出地形，使地形和养羊业结合起来，从气候入手，引出城市的分布，环环相扣，使学生把自然地理和人文地理结合起来，在轻松愉快的环境中，学习本节课内容，达到了良好的效果。

（本文由张玉玲撰写。）

上述课例最为突出的一个特点就是既不详尽地叙述教学的全过程，也不对教学的复杂场景进行提炼，而是选择其中的一些片断进行展示，在汇总教学片断各方面信息的基础上，就其中蕴涵的问题分析自己的感受和启示。这种形式大大缩短了课例的篇幅，内容集中，反思的针对性也较强，能更多地将注意力集中在一些突出的问题上。

以上三种课例,都是将课堂教学作为研究对象,运用几种不同的研究方式来透视课堂、探寻教学的。在这些课例中,有教学反思,有教学事件的描述,甚至有时会有像案例那样对特定问题的探讨,是将多种不同的研究方式融合在某一节课上。教师在运用教学课例进行研究时,一要注意选择的课要具有一定的代表性、典型性,能够说明一些问题,确实给自己带来一些新的思考,能从中提升自己的教学智慧;二要注意较为详尽地介绍自己的教学设计(以上三个课例在这方面都有不同程度的欠缺),要把新课程的相关理念转变为具体的教学方案,用新课程的理念指导自己的教学行为;三要注意运用录音、录像、委托他人现场记录等多种手段全面收集课堂上的各种信息,只有充分地占有这些信息,才能为自己的提炼概括、选择教学片断等打下基础;四要注意对照教学设计意图反思课堂上的实际行为,分析教学实际进程与教学设计的差距,把课堂上存在的某个问题或某些问题作为深入思考的对象。

教学课例有着诸多不同的表现形式,文中列举的三种课例只是其中颇有代表性的,并不意味着教学课例只有这样三种表现形态。教师在研究中可以灵活运用。考虑到教学课例所具有的综合性特点,如果教师刚接触教学研究的话,不妨先从教学日志、教学叙事入手,然后再转入教学反思,最后将教学案例、教学课例作为主要的研究方式与成果表达形式。教学日志、教学叙事对事实材料的不断整理,对事件、历程的持续描述,会逐渐使教师对教学产生这样或那样的感悟,具有这样或那样的问题意识和解决问题的设想,教学反思也就顺理成章了;而经常化的教学反思,又会进一步强化教师的研究意识,增进教师透析问题的本领,提升教师从貌似没有问题的地方发现问题、从稍纵即逝的现象中捕捉问题的能力,教学案例与教学课例等的撰写也就有了基础。

在教育教学实践中,问题无定规,研究无定法,文章无定体,教师要根据具体情景加以选择和运用,有时甚至需要创造性地将几种不同研究方式综合起来解决面临的问题。我们提倡教师具有教育智慧,其实教师同样需要研究智慧,研究的本领增强了,教学的智慧也就逐渐生成了。

训练提示

1. 分析教学课例与课堂教学实录以及教学案例之间的区别和联系。
2. 将自己上的一节课按教学课例方式进行整理。

思考与讨论

1. 什么是教学反思?

2. 教学日志的撰写形式有哪些?

3. 教后感有哪些类型?

4. 教学案例包括哪些内容? 什么样的案例才是一个好的案例?

5. 教学课例的基本形式有哪些?

第七章
教学评价技能

本章目标

1. 了解教学评价的基本类型以及各类型之间的关系。

2. 掌握课堂教学评价的基本步骤,能够依据教学评价标准,对课堂教学作出评价。

3. 能够独立设计学生学业成绩评价的标准和办法。

教学评价是教学活动的重要环节,它是判断教学行为、对象是否达到或合乎所期待的教学目标的重要手段,对于促进教学质量的提高,使教师工作产生更大价值具有重要意义。

一、教学评价概述

教学评价是主体按照一定的标准对教学的各种状况进行价值判断的过程。教学评价的主体可以是教师、学生、管理部门,也包括学生家长、大众等,评价的对象包括学生、教师、管理人员、教学、学习、管理工作等各个方面。但一般情况下,正式规范的评价主体主要是教师和管理部门,评价的客体主要是学生和教师。

(一)教学评价的类型

教学评价可以根据不同的标准进行分类。常见的分类有:根据评价的功能和性质,可分为总结性评价、形成性评价和诊断性评价;根据评价所依据的不同标准与解释方法,可分为常模参照评价和标准参照评价;根据评价方式的不同,可分为系统测验评价与日常观察评价;根据评价结果的表现形式不同,可分为量化评价与质性评价。

1. 总结性评价、形成性评价和诊断性评价

总结性评价是指在一个教学阶段结束后对教学或学习结果的评定。这类评价的主要目的是评定教师的教学成绩和学生的学业成绩,确定教学或学习达到教学目标的程度,检测学生掌握知识、技能的程度和能力水平,检测教师最终的

教学成效,为制订新的教育目标提供依据。总结性评价着眼于某门课程或某个教学阶段结束后教学状况的全面评定,因而评价的概括水平一般比较高,考试或测验所包括的内容范围也比较广,评价的次数不多,一般是一学期或一学年两三次。学校中常见的期中考试、期末考试或考查以及毕业会考都属于总结性评价。

形成性评价主要指在教学进行过程中为改进和完善教学活动而进行的对教学和学习过程及结果的测定。形成性评价类似于传统教学中的非正式考试和单元测验,但形成性评价更注重对学习过程的测试,注重利用测量的结果来改进教学,使教学在不断的测评、反馈、修正或改进过程中趋于完善,而不是强调评定学生的成绩等级。正因为形成性评价以获取反馈、改进教学为主要目的,所以这类测试的次数比较频繁,一般在单元教学或新概念、新技能的初步教学完成后进行。测试的概括水平不如总结性评价那样高。每次测试的内容范围较小,主要是检测某个单元的教学活动的成果或学生的学习进步情况。相比较而言,总结性评价侧重于对已完成的教学效果进行评价,属于“回顾式”评价;而形成性评价则侧重于教学的改进和不断完善,属于“前瞻式”评价。

诊断性评价是指在教学活动开始之前,对教师、学生的教学和学习准备状况及影响学习的因素实施的评价。其目的在于使教学计划或活动的安排更具有针对性。在教学过程中,教师要想设计一套适合学生状况的教学方案,就必须深入了解学生已有的知识和技能水平,了解他们的学习动机状态,发现他们学习中存在的问题及原因,等等。诊断性评价是获取这些情况的最常用、最有效的方法和途径。诊断性评价主要有以下三个用途:(1)检查学习的准备程度。常在教学前如某课程或某单元开始前进行测验,可以帮助教师了解学生在教学开始时已具备的知识、技能发展水平。(2)了解学生的个别差异。通过诊断性评价,教师可以对学生学习上的个别差异有较深入的了解,在此基础上经过合理调整使教学更好地适应学生的多样化学习需要。(3)辨别造成学生学习困难的原因。在教学过程中进行的诊断性评价,主要是用来确定学生学习中的困难及其成因的。

2. 常模参照评价和标准参照评价

常模参照评价是以个体的成绩与同一团体的平均成绩或常模相互比较,从而确定其成绩的适当等级的评价方法。这种评价方法重视个体在团体内的相对位置和名次,它所衡量的是个体的相对水平,因而又将这类评价称为“相对评价”或“相对评分”。常模参照评价以常模为参照点。常模实际上就是团体测验的平均成绩,以学生个体的成绩与常模比较,就可以确定学生在团体中的位置,知道他的成绩在团体中属于“差”、“中下”、“中上”还是“优”。常模参照评价具有甄选性强的优点,因而可作为分类排队、编班和选材的依据。它的缺点是在排队选优时,对于个人的努力状况及进步的程度重视不够,尤其对于后进者的努力缺少适当评价。例如,在几次考试中,某学生学习的实际成绩在提高,但他在班级里的

新编教学工作技能训练

相对位置(名次)也许仍没变化,这样评价结果就对这位学生缺乏激励作用。

　　标准参照评价是以具体体现教学目标的标准测试为准,确定学生是否达标以及达标的程度如何的一种评价方法。标准参照评价是用来衡量学生的实际水平的,它关心的是学生掌握了什么或没掌握什么,以及能做什么或不能做什么,而不是比较学生之间的相对位置。用来评定的所谓标准就是具体的教学目标,教师要围绕这些具体的教学目标来编制测试题。标准参照评价也被称为"绝对评价"。通过标准参照评价可以具体了解学生对某单元知识、技能的掌握情况,哪些学得较好,哪些没学好需要补救。因此,标准参照测验主要用于基础知识、基本技能的测量,适用于形成性测验和诊断性测验,利用测验提供的反馈信息,可及时调整、改进教学。但是,由于测试题的编制很难充分、正确地体现教学目标,因此教师还不能充分利用严格意义上的标准参照评价。

3. 系统测验评价与日常观察评价

　　系统测验评价是指运用各种测验手段对教学过程及其结果进行定期、系统的测量与评价,是教学实践中应用最普遍的评价方式,如前面介绍的常模参照、标准参照等评价方式基本上都属于系统测验评价的范畴。系统测验评价可以为教师提供大量有关教学情况的信息,有利于教师及时总结教学、改进教学、提高质量。但是,实践表明,并不是教学中的一切情况都可以通过测验的手段测出来的,学生的许多复杂的心理机能是目前的测验技术难以测量的。因此,在教学评价过程中,要想使获得的信息更加全面和客观,教师除了要进行定期、系统的测验评价外,还应当重视另一类评价方式,即日常观察评价在教学中的作用。

　　日常观察评价是借助于对学生日常学习活动的观察而对他们的学习行为及结果进行的评定。日常观察评价在课堂内外应用的机会很多,教师实际上每天都在对学生进行观察。这种观察是在没有受到如测验或考试那样的气氛干扰的自然状态下进行的,因此它往往可以得到一些其他任何方式都不能得到的有价值的真实资料。要使日常观察评价的作用得以充分发挥,教师应注意以下几个问题:(1)观察要有明确的目的,要观察哪方面情况,如学生的认知发展状况、情绪变化、注意力集中情况等,事先应确定。(2)观察要有计划,目标明确后,教师还应对观察的范围、重点观察对象、时间安排、工具使用等多方面情况加以全面考虑,作出周密计划。(3)要对观察结果进行及时、系统的记录。作好观察记录,是积累评价资料、实施观察评价的重要方面。目前常用的记录方法有行为摘录法、行为评等法和日记法。

4. 定性评价和定量评价

　　定性评价是指对教学欲评价的内容,通过观察法、调查法等收集教学信息,运用分析和综合、比较和分类、归纳和演绎等逻辑方法,筛选出集中趋势的判断,舍弃非本质的离散现象,对事物本质进行决策性判断。定性评价是用非量化手段收集教学过程中的各种信息,对评价对象做出价值判断。

定量评价是指对教学欲评价的内容,通过教学测量、统计等方法和手段,收集数据材料,进行定量分析、处理,找到集中趋势的量化指标和离散度,给出综合性定量描述与判断。定量评价是综合各种信息进行量化统计的过程。

(二)教学评价的原则

教学评价的原则是指开展评价活动必须遵循的基本要求,即人们期望教学评价处于何种状态,达到怎样的效果。这种要求以规范教学评价活动的形式出现,其目的是使教学评价活动按人们期望的方向及状态进行。

1. 目的性原则

教学评价实际上是一种管理手段,每一次评价就是对教学进行一次调控。目的性原则是指在进行评价时必须有明确的目的。每一次评价一定要有具体目的,不能为评价而评价。评价的具体目的决定着采用什么样的评价标准,也决定着评价的具体做法。

2. 可行性原则

教学评价要从具体的教学实际情况出发,评价的内容、方案、指标、方法等都要符合当时、当地的具体条件,并能够实行。在编制评价指标体系时,要充分考虑到具体的教学和学习情况。指标定得过低,起不到评价的激励作用;过高,绝大多数教师和学生经过努力也达不到,会使教师和学生失去信心及兴趣。评价的方法要简便易行,能为教师、教学研究人员和学校领导所理解和掌握。此外,没有"放之四海皆准"的评价方法,评价方法都有其特定的适用范围,所以不同的评价内容需要选择不同的评价方法。

3. 多样化原则

教学评价是一种主观的价值判断,每一种评价都只是在某种立场上对某些内容的评价。无论是哪种类型或方式的评价都不可能是人们期待的客观、公正和全面的评价。所以有必要对评价对象采取一种多视角和多方法的评价,将这些评价综合起来才能得出比较全面的结果。这种评价才有可能是客观、公正的。

4. 指导性原则

这是指在进行教学评价时,不能就事论事,而应把评价和指导结合起来,不仅使被评价者了解自己的优缺点,而且为其今后的发展指明方向。也就是说,要对评价的结果进行认真分析,从不同角度查找因果关系,确认问题产生的原因,并通过信息反馈使被评价者明确今后努力的方向。

5. 科学性原则

教学评价必须具有可信度与可靠性,必须建立在科学的基础上,有充分的科学依据和科学方法,遵循课堂教学的规律、原则。在建立教学评价指标体系时,要有相应的理论依据,每个指标项目要有相对独立的、准确的科学含义。在确定各项指标的评价标准时,要考虑到指标本身的科学内涵和操作的方便实用。教学评价的方法要力求科学、完整。在评价过程中,要根据教学目标与教学的管理要求,注意从教学过程入手,从教学计划的设计、备课、上课、批改作业等方面进行。在收集、处理和评价信息时,要力求全面、客观、公正,注意其可靠性和合理性。

在教学实际中,教师接触较多的是课堂教学评价和学生学业成绩评价,下面分别加以分析。

训练提示

收集有关教学评价的样本,对该教学评价的类型进行分析,并根据教学评价的一般原则对其作出评判。

二、课堂教学评价

课堂教学评价也称评课,是教师常见的一种行为,也是提升教师自身教育教学水平的重要手段。通过听课、评课,教师可以更好地认识自己,不断解决教学中存在的新问题,破解教学中存在的新矛盾。一般说来,评课的对象是学生、教师、学习和教学活动、教学环境等复杂的教学现象,因此评课的过程应该在有计划地、系统地、全面地收集教学活动的信息基础上做出判断,而不是基于零碎的、盲目的、片面的信息做出的判断。

(一)课堂教学评价设计的基本步骤

1. 明确教学评价的目的和对象

教学评价的对象是一切教学现象,但一种具体的评价总是针对某一具体教学对象的某一方面,具有很强的针对性。设计评价方案时,必须首先确定教学评价的目的,对教学评价的目的要有具体明了、准确无误的表述,因为评价的目的不同其评价的标准和方法也可能不同。

评价对象就是评价客体,或者说是被评价对象,是评价的实践对象、认识对象。对评价对象作全面的评价还是作某一方面的评价?要评价教学的哪些因素?必须解决这些问题,评价才能进行。

2. 确定教学评价的标准和类型

所谓标准是指衡量事物的准则,是对事物进行评判的具体尺度。教学评价的标准是指对应于相应的评价指标或项目,被评价对象达到什么程度或水平才是合乎要求的,或是优秀的、良好的,等等。教学评价标准是衡量教学水平高低、判断教学价值的尺度。教学评价的本质是对教学现象的一种价值判断活动。对教学价值做出判断,就要有一个判断的尺度,这个尺度就是教学评价标准。所以在设计评价方案时,要编制好体现教育价值的评价标准,它是设计方案的核心。

在做出评价什么的决定后,便要考虑如何评价的问题,评价目的和内容不同,需要选择不同的评价标准和类型。有时,评价者不认真考虑这个问题,选择了不适合评价内容及对象的标准和类型,虽然最终会得出一些评价结果,但实际上这些结果并不能反映真实情况。

3. 设计具体的评价方案

虽然从这一步才开始具体详细地设计评价方案,但在正式编制评价方案时,应当将前两个步骤包含在其中,也就是要将整个设计的逻辑思路表现在方案中。这样会使得编制出的评价方案表现出明确的目的和理由,也就使得评价方案更易于被接受,为以后的顺利实施做好准备。否则,就可能使人觉得评价是出于评价者的主观冲动和妄自尊大,对评价产生不满和抵触情绪,给评价的实施埋下隐患。由于不满和不理解评价的意图,被评者在评价过程中弄虚作假、设置障碍,致使评价得不到真实可靠的信息。

(二) 课堂教学评价的主要内容

对课堂教学进行评价,涉及多方面的内容,包括:教学目标、教学结构、教学内容、教学方法、教学组织形式、教学模式、课堂管理、师生关系、课堂评价等等。只有从多方面入手考察,才能作出较为全面的分析和评价。

1. 教学目标

目标是统领性的,是全部教学展开的依据和核心。教师对教学总是有自己一定的目标指向,总是围绕着教学目标来展开课堂教学的。因此,课堂教学评价,必须关注教师预定的教学目标及其完成情况。

在评课时必须要考虑以下两个问题:第一,关于教学目标本身。教师的教学目标是如何表述的? 这些表述是否明确而又具体? 教学目标是否具有较强的可操作性? 作为教学目标,它必须明确,要符合新课改的精神和要求,不仅要有知识和能力的目标,还要有过程和方法的目标,以及情感、态度和价值观目标。因此,观察者要善于发现总体教学目标下的认知目标、操作技能目标、情感和育人目标,要能甄别出课堂教学中出现的随意性、盲目性、模糊性,为提高课堂教学的方向性、针对性、有效性服务。

第二,教学目标在实际教学中的效果。教学目标是否在教学中达到了? 判断教学目标达到与否的标准是什么? 教学目标没有达到的原因是什么? 当课堂教学的现场反应与教学目标的设计不一致的时候,教师是如何通过课堂信息反馈推进和调节自己的教学目标,协调教与学的相互关系,矫正教学活动与教学目标的偏差的?

2. 教学结构

教学是按照一定的序列展开的,有着这样或那样的步骤,表现为若干个不同的环节。如目标教学的课堂教学结构为"认定目标—前提诊断—达标教学—回顾目标—达标测评—矫正反馈"等。这些环节安排的适宜程度直接影响教学目标的达成程度。

评价时首要考虑的是,一堂课的课堂教学结构是否合理。这主要是看课堂教学程序的展开是否符合学生认知的一般规律,是否符合既定学生的认知特点。从实际操作上说,第一,评价者要分析课堂探究学习安排了哪些环节;各个环节所占的时间比例有多大,是否在某个环节上耽搁的时间太长了或花费的时间太短了?既要发现教师精心设计和妥善安排各项活动,充分发挥时空效能的一面,也能看到教师树立运用行之有效的课堂教学结构意识和能力薄弱的一面。

第二,各教学环节的时间与教学任务是否匹配,是否安排了充分的学生自由支配的活动时间,教师的讲与学生的练的时间分配是否得当,特别是考察重点、难点的教学与教学高潮的呈现是否一致。一节课只有 40 分钟的时间,在这 40 分钟内教师要完成每个教学目标,既要突出重点,又要突破难点,避免随意性和拖堂现象,这对教师的总体调控能力是种考验。听课者就是要看教师是如何把课堂时间分配到各个环节中去的,学生的活动时间是如何被保证和安排的,学生是否充分发挥了主体作用,真正成为学习的主人。

第三,各教学环节之间的过渡是否自然,整个教学结构是否流畅。

3. 教学内容

教学目标决定着教学内容,教学内容决定着教学方法,三者是相辅相成的。在课后分析的时候,评价者考虑教学内容要注意以下几点:

第一,教学内容的选择是否得当,它是否与教学目标相一致。

第二,教师教学的知识内容是否正确。

第三,教师是否不只是关注知识点,而且对学生的情感、态度、价值观以及能力等诸多方面予以了考虑。

第四,教师是否从学生的知识结构等出发对教材内容做了必要的加工,如提出新观点、新主张,重新解读课文,或对课文内容进行二次创作,激发学生学习兴趣,等等。

第五,教师是否把传统的课本当作唯一的学习材料,是否充分考虑到学生已有的生活经验,整合学生已有的知识建构和各种能力结构,将学科教学内容引入更广阔的空间。随着新课改的全面推行,教材进行了相当大的改进。改进后的教材,不仅将学生的素质教育置于更重要的位置,而且注入了合乎时代要求的新内容、新信息,加强了教材的可读性和教育性。这就对教师对教材的解读提出了新的要求,需要听课者能够理顺教材中的基本理论,归纳出教材的知识点,并使之系统化、条理化。听课者不仅要自己理解教材中蕴涵的思想和理念,更要从课堂中去解读授课者本人对于教材的理解,是对教师理解的再理解。

第六,教师在一节课里的教学内容是否适量。当教学内容过少时,学生处于知识接受的"饥饿"状态,这不仅造成时间浪费和学生的"营养不良",还会滋长学生的惰性;但相反的话,学生也会精力不够,囫囵吞枣,造成"消化不良",滋生逆反心理。所以,从量的多少可以分析出课堂教学目标是否科学适度、教学目标的总量和教学进度是否合理、教学方法是否适合学生现有程度及接受能力等,总体上追求教学内容的适度平衡。

4. 教学方法

俗语说,"教学有法,教无定法;重在得法,贵在用法"。所以,教学方法并无好坏之分,关键是看其是否有利于学生积极性的调动,是否有利于学生能力的开发和发展,是否有助于优化教学效果。虽然教法的选择服从于教学的目标,但是不同的教师、不同的教学内容,不同的学生所适用的教学方法是不同的。教师在课堂教学中应会根据实际情况,运用多种教学方法,所以,在评课时,既要发现教师使用了哪些教学方法,也要知道教师为什么要使用这些教学方法,以及通过这些教学方法,课本的内容在多大程度上转化为学生的知识、技能和思想观点。因此,对教学方法的评价应注意以下几点:

第一,要考虑教师的教学方法组合是否得当,是否切合教学内容和教学目标。

第二,教师组合教学方法时是否符合下列原则:①以发展学生智能为出发点;②教法与学法有机结合;③智力活动与情感活动互相配合;④取长补短优化组合。

第三,教学方法中是否有学生积极活动和参与的成分,是否注意到了多种不同方法的运用。

第四,教学方法有无独特之处,是否注意到了非智力因素(性格、情感、兴趣等)的培养。教师要根据教材的内容和学生的认知水平,以指导学生掌握知识和学习方法为目的,选择恰当的教学方法和教学手段,调动学生思维的积极性和主动性,激发学生学习的兴趣。例如"梯形面积的计算"的内容,在"教旋转拼移法"这一环节上,一位教师是通过"讲解—演示—实践"来进行教学的,而另一位教师则充分相信学生的潜能,让他们先打开书按书中要求自己试做后,请一名同学演示,最后再由教师示范操作。这样,不仅加深了学生对知识的掌握程度,而且激发了他们浓厚的兴趣,展示了他们的才能。

第五,教师是否采用了一些适应新教材特点的课堂教学方法,对于教材的运用是否体现出启发、说理、讨论、实践为主体的新教法。总之,任何一堂课都必然以教材为引子,听课者要从授课者对于教材的运用中判断其对于教材的理解和记忆是否准确,是否在教学实践中体现了教材的精神。

5. 教学组织形式

教学组织形式主要体现为三种:全班学习、小组讨论、个别化学习。

第一,三种不同的组织形式在课上各占了多少时间,课上是否不只是一种组织形式,有没有留给学生更大的个人空间。

第二,教学时选择的组织形式是否符合教学内容的要求以及学生已有的经验。

第三,教师有没有建立小组讨论的规范,小组讨论后是否有概括和总结,为什么把这些内容安排为小组讨论。

第四,学生是否形成了个人学习(个人探究)的能力,对个人学习的结果是否进行了检查。按照新课程改革的要求,教师要尽可能发挥学生的主体性,运用各种方式、途径、策略引导和激发所有学生主动参与到教学中来,使学生成为教学过程的主体,成为学习活动的主人;教师要为学生创造条件,对问题的分析不要武断,要给学生留下更多的独立思考的空间,让学生通过思考形成自己的独立见解。

第五,全班学习的同时考虑到了学生之间的差异没有,是否存在整堂课教师"一言堂"的情况,是否存在教师只是提问某个或某些学生的情况。听课者尤其要注意,一些教师虽然安排了学生阅读、讨论,却不做具体要求,只是让其流于形式。

6. 教学模式

教学模式可以反映教师教学理念,传统的教学强调"注入式"或"灌输式","大量地灌输权威性的事实",至于"这些科学事实与结论是怎样产生的"往往被忽视。

在分析教学模式的时候,评课者可以关注三个方面的内容:第一,关注教师的教学行为。传统教学中,教师是主角,一切以教师为中心,教师在讲台上的那种神圣,在一定程度上压抑了学生的创造性、主动性、自信心。正是基于这一点,新课程理念则提倡平等、对话、相互尊重,并以学生为中心,教师围绕学生转,为学生服务。

第二,关注学生学习方式。看学生是在教师的灌输下被动地听、机械地接受,还是在教师引导、启发下,积极地思维、主动地发现,并且批判性地接受和质疑。

第三,关注教师对学生的关注。看教师关注自己对知识讲解得更为透彻、滴水不漏,还是启发学生的智慧,引导学生的思维,让学生在每个接连不断的问题中去探求规律、寻找答案。

7. 课堂管理

一堂好课,必然是教学与管理协调统一的。管理能为教学服务,成为教学的基本保障。在课后分析时,评价者必须要审视:

第一,在这一堂课中,教学与管理呈现一种什么样的关系。

第二,教师进行课堂管理的方式有哪些。

第三,教师是否经常赞扬学生的某些正常行为,是否对扰乱课堂行为的现象进行了制止。

第四,课堂上学生的不当行为都有哪些,为什么会出现这样的行为,是因为教学缺乏吸引力还是教学内容对他们来说显得过于简单,出现不当行为的学生范围有多大。

第五,课堂上的氛围是和谐的还是对立的,是有利于学生自主学习,还是抑制学生自主学习。课堂的气氛是一个比较笼统的概念,但却是听课中一个非常重要的要素。一个优秀的教师往往会从调动学生的情绪入手,营造轻松活泼的课堂气氛,保证课堂群体心理气氛的积极、和谐,从而提高课堂教学效益。①

8. 师生关系

评课者可以依据自己的听课记录,从以下几个方面对教师与学生的活动情况进行评价:

第一,课堂上教师与学生是以一种什么样的关系出现的,学生有没有主动发言、提问的机会,有没有表达自己情感和观点的机会。

第二,教师经常与哪些学生进行交往,为什么,师生互动是如何展开的,互动的类型有哪些。如教师与全班学生、教师与小组学生、教师与个别学生、个别学生与全班学生、小组与小组、个别与小组、小组与全班。

第三,教师是否是课堂上的“独裁者”,学生是否是课堂上的“小主人”,教师对学生的态度如何,是如何传递自己的期望的,学生自主支配的时间有多长。在听课过程中,听课者要特别注意师生之间的对话交流的数量和深度,看教师在课堂上,有没有给予学生参与教学的权利,鼓励学生,质疑问难,发表不同意见,形成师生能动“对流”,感受师生的精神状态和整个课堂的“热度”。

9. 课堂评价

评价关注的是每一个学生的发展,评价要尊重和体现个体的差异性,激发每一个学生的主体精神,促使他们增强自信,去实现自身价值。观察者在这方面点

---

① 孙淑霞等:《听课和评课的方法及意义》,《教育管理》2001 年第 2 期。

评时要注意：

第一，评价主体是否多元。因为评价者可以是教师，也可以是学生。

第二，评价内容是否考虑了态度、情感体验等。应从知识、能力和情感态度等多方面来评价学生，而不能单纯地以会与不会作为唯一的评价标准。

第三，评价手段、方法是否多样。评价可以采取教师评价与学生的自评、互评相结合，对小组的评价与对组内个人的评价相结合。

除以上问题外，还可以就教学效果、课堂环境、教室空间的安排等发表评论。课的效果是一个非常综合的要素，必须结合听课的其他要素来进行评价。因此，听课的效果，既要听其是否很好地体现了课的意图，教学的结构和内容是否合理，教学方法和组织形式是否得当，也要看教师对课堂的准确把握，在规定的时间和可能的条件下，尽可能满足学生的学习需要，促进学生的发展。

新课程改革所要求的课堂教学评价标准与内容与以往的课堂教学有着不小的差别，很多学校在学习新课程理念的基础上，结合自己学校的实际编制了课堂教学评价标准，下文的两例可以供参考：

【示例 7-1】

某学校新课程改革课堂教学等级达标评价表如表 7-1 所示：

表 7-1　课堂教学等级达标评价表

学科：_____　　学校：_____　　姓名：_____

课　题		分值	得分	小计
评价项目	评　价　要　点	分值	得分	小计
教学目标确定（8分）	符合课程标准（大纲）的要求，符合认知规律和学生实际	4		
	教学设计关注学生情感与态度，知识与技能，过程与方法	4		
教学内容组织（16分）	观点正确，阐释清楚，重点突出，注意知识的整体建构	4		
	教学训练精当，容量适度，接受性好	4		
	深入挖掘教材，实现情感与态度、知识与技能、过程与方法的同步提高	4		
	内容适当延伸，联系学生生活经验、社会热点及科技发展	4		

课　题					
评价项目	评　价　要　点		分值	得分	小计
教学实施（35分）	情境创设好:学生兴趣浓厚,突出教学重点		5		
	探究式教学运用好:课堂结构合理,学生自主学习得到体现		5		
	善于培养思维能力:设疑导思、质疑问难、适度发散		5		
	注重培养学习习惯,指导学习方法		5		
	面向全体,分层教学,分类指导,学生全员参与		5		
	使用发展性、激励性评价,使教学评价成为学生情感、知识、能力的增长点		5		
	综合使用学具、教具、现代教育技术等各种教学媒体,实效性强,做到媒体与学科教学内容的有机整合		5		
学生状态（24分）	学习兴趣盎然,思维活跃		6		
	人人动脑动手动口,主动探索		6		
	善于思考,勇于提出问题,有独到见解和感受		6		
	联系实际,有创新意识		6		
教师素养（10分）	仪表端庄,充满激情,举止得当,语言规范准确,生动形象,逻辑严谨,板书工整美观,布局合理,重点突出		2		
	课堂应变、调控能力强		2		
	实验操作规范,媒体使用熟练		2		
	态度和蔼,师生平等相处,尊重、爱护每一个学生		2		
	大胆创新,教学有特色		2		
教学反思（7分）	课后主动反思,问题找得准,措施得当,实效性强		7		
总　分					
定性	不合格（59分以下）	合格（60分～79分）	良好（80分～89分）		优秀（90分以上）

【示例 7－2】

某学校双语教学评价表如表 7－2 所示：

表 7－2　双语教学评价表

科目_____　学校_____　班级_____　教师_____

日期_____　教学内容_____

评价项目		对评价要求的描述	分值	得分
教学 目标 （20分）		切合学生知识水平及英语认知水平	5	
		教学任务饱满，教学内容符合双语课堂教学实际要求	5	
		注重知识内在联系性，重难点处理得当	5	
		课堂教学双语使用量达到相应标准	5	
学习 资源 （15分）		学习内容选择和处理科学	5	
		学习活动所需相关材料充足，并符合教学目标	5	
		英文材料在内容上科学、规范，无语言错误	5	
教学 教程 （50分）	课堂 互动	课堂环境宽松，师生关系融洽	5	
		保持多向、丰富、和谐、有效的信息交流	5	
	学生 学习 方式	学生参与活动积极主动，有广度和深度	5	
		学生学习情绪饱满，个性特长和协作精神得到充分体现	5	
	教师 主导 作用	善于创设课堂双语情景，并利于激发学生学习兴趣	5	
		课堂英语的口头表达正确、规范、流畅，且发音纯正	5	
		善于使用形体语言，利于信息传递，减少双语造成的负面影响	5	
		板书（画）或课件设计规范合理，无英语语言错误	5	
		善于把握教学节奏，使绝大多数学生积极参与知识建构	5	
		实施激励性评价，有助学生建立学习兴趣	5	

评价项目	对评价要求的描述	分值	得分
教学效果 （15分）	学科知识技能达到要求	5	
	能掌握一定量的英文专业术语	5	
	学生获得不同程度进一步发展能力	5	
加分 （10分）	大胆革新,探索双语课堂教学规律富有成效	5	
	能激发学生质疑探究,学生实践和创新能力得到锻炼	5	
总分		110	
评语 （自我 评价）			

训练提示

1. 选择一节课,在进行教学观察与记录的基础上,根据课堂教学评价的基本标准对其进行评价。

2. 从课堂教学实际出发,分析对一节课进行评价过程中容易出现的问题,以及解决问题的方法。

三、学业成绩评价

（一）学业成绩评价的内容

学业成绩评价的内容与学习的种类是相吻合的。学习是一种极为复杂的现象,为了研究方便,许多心理学家根据不同的目的和标准对学习进行了分类。

一般依据学习的内容及结果把学习划分为四种:知识的学习、动作技能的学习、智慧技能的学习、社会行为规范的学习。

苏联学者彼德罗夫斯基主编的《年龄与教育心理学》中,把学习分为两大类:

反射的学习与认知的学习，前者是人与动物共有的，后者是人所特有的，根据人的学习内容与水平的不同，又把认知学习分为感性学习和理性学习，理性学习又分为概念学习、思维学习和技能学习。

加涅在《学习的条件》一书中根据学生的学习结果，将学习分为以下五种：

一是言语信息，指能陈述用语言文字表达的知识；

二是智慧技能，指运用符号办事的能力；

三是认知策略，指对内的、控制与调节自己的认识活动的特殊认知技能；

四是动作技能，指习得的、协调自身肌肉的能力；

五是态度，指习得的、决定个人行为选择的内部状态。

前面提到的布卢姆将学习分为认知领域、情感领域和心因动作技能三类，其中认知领域又由低到高分为知识、领会、运用、分析、综合和评价六级，情感领域分为接受、反应、价值化、组织、价值与价值体系的性格化五级，心因动作技能分为知觉、定性、有指导的反应、机械动作、复杂的外显反应、适应和创新七级。

心理学家的学习分类研究为学习评价的研究和设计提供了依据，同时也提醒教师以一种全面的眼光去审视和评价学生的学习，避免传统学习评价只关注知识学习的评价的弊端。

（二）学业成绩评价设计的步骤

首先确定和了解被评价的学生的基本情况，即确定"评价谁"的问题。包括学生的年龄、智力水平、受教育的程度等。这是评价的重要依据，否则以后评价项目的设计就是盲目的。比如要确定评价的是一年级还是二年级的学生，这两个阶段的学生在智力水平和受教育程度上差距很大。

其次要确定评价的内容是什么，即确定"评价什么"的问题。也就是说，弄清楚是评价知识的学习、动作技能的学习，还是评价某种情感态度的倾向、社会行为规范或创造能力。还要进一步将这些评价项目具体化，确定知识的具体范畴，如确定要评价的是数理知识还是语言知识。如果是情感态度的评价就得具体到对某个人物、事件或事物，比如是对父母还是对同学，对升旗事件还是对迟到事件。因为学习的内容很复杂，不可能泛泛地评价一个人知识渊博还是贫乏、善良还是冷漠，只能评价对某方面知识掌握到什么程度了，或者对某些事情的情感倾向是怎样的。另外，评价内容的确定还是下一步选择和设计评价方法的重要依据。例如，如果是评价知识学习的情况，就应选择测验法；如果是评价情感态度的倾向，问卷法和观察法是比较合适的选择。否则，如果用测试法来评价情感态度的倾向，很可能得不出真实客观的资料。

第三，确定评价的方法和形式。在明确了学生情况和确定了评价内容的基础上选择并确定最适当的评价方法和形式。一般来说，知识和技能的学习适合用测验的方法获取信息并评价,智慧技能的学习适合使用测验中的主观性试题的评价方式,情感态度的学习适合用调查、观察和文献的方法进行评价。

学生学业成绩评价标准的表达方式主要有两种:第一种,评语式标准。评语式评价标准是目前比较常用的表达评价标准的方式之一。这种方式是将评价指标按内涵分解为若干因素,每个因素都以评语式的语言叙述标准。语文教师在批改作文时常常会写上"主题鲜明,重点突出","描写生动,给人留下了深刻的印象"之类的评语。第二种,数量式标准。数量式标准是对评价指标以数量的大小为标准判定其等级的高低。数量式标准可以有多种形式,常用的有数量点式标准和数量区间式标准。数量点式标准是以某个数量点值为标准判断评价对象水平的高低。如考试中常用的百分制,学生成绩 60 分以上为及格、60 分以下为不及格,60 分就是学生成绩评价的数量点标准。数量区间式标准是以明确的数量区间为标准,给被评价对象评定等级。如在学生成绩的评定中一般规定:90~100分为优秀,80~89 分为良好,70~79 分为中等,60~69 分为及格,59 分以下为不及格。

除了这两种外,还有期望行为标准、量尺式标准等形式。但从本质上看,要么是用语言描述,要么是用数量表达,或者将两者结合起来。

第四,设计、编制评价计划。在编制评价计划前,首先要设计好评价蓝图,即命题项目的细目表,这一环节很重要,关系到评价计划能否达到评价的要求、是否有效可靠,评价者应认真对待。命题的项目表应具有两个维度:一维是考核项目的要点,另一维是考核项目的水平层次,这两个维度体现了考核的整体要求。表 7-3 是一份高一年级化学学年测验的项目细目表(表中数字为分值)。

表 7-3 某校高一年级化学学年测验项目细目表

	识记	理解	应用	分析	综合	评价	分数/题量
物质与物质的量	3	5	5	3	2	2	20/8
卤素	2	5	5	3			15/6
硫、硫酸	2	2	4	2			10/4
碱金属	2	2	4	2			10/4
原子结构、元素周期表	2	5	6	3	6	3	25/10
化学实验	4	6	6	2	2		20/8
分数/题量	15/6	25/10	30/12	15/6	10/4	5/2	100/40

编制细目表首先要对考核内容进行抽样,在抽样的基础上确定认知水平,然后确定题型和题量、确定试题的平均难度和难度分布,再按照考核点的权重给每个题确定分值,最后再估算测验的平均得分。

第五,编制测试题、观察项目、问卷题目、访谈计划、获取文献的计划表。

第六,试题或项目的统计分析,实际上就是对编制好的试题或计划作进一步的分析。

第七,确定最后的考核表,包括确定试题或者项目表以及评分细则等。

训练提示

1. 回忆自己接受学业成绩评价的经历,思考有哪些评价类型是自己的老师所使用的,各种类型的效果如何,可以作哪些改进。

2. 根据具体的教学内容,设计学生学业成绩标准以及评价办法。

思考与讨论

1. 教学评价的类型有哪些?

2. 课堂教学评价的基本步骤有哪些?

3. 课堂教学评价一般包括哪些内容?

4. 学业成绩评价的设计有哪些基本要求?

第八章
学习方法指导技能

本章目标

1. 记忆学习方法指导的含义，了解学习方法指导的必要性。
2. 掌握学习方法指导的内容，并能进行实际运用。
3. 了解学习方法指导的基本途径以及基本要求。

"以学生发展为本"，是教育教学应秉承的基本理念，也是素质教育的基本主张。在教学中，教师既要注重自身教学技能技巧的完善，同时也要注重引导学生掌握正确的学习方法，让学生在掌握知识的同时，进一步学会学习，提升搜集信息、分析信息、甄别信息、占有信息的能力，做学习的主人。

一、学习方法指导概述

（一）学习方法指导的含义

学习方法是一个多义词，在不同的场合含义不尽相同，一般可从广义和狭义两个方面来理解。广义的学习方法是指在学习过程中，学习者为了达到学习目的、掌握学习内容而采取的手段、方式、途径以及学习所应遵循的规则等的总和；狭义的学习方法是指学生在学习过程中所采取的具体活动措施与策略。这里，我们更多采用的是广义的学习方法。正确的学习方法本身就是学习的对象。许多学生常犯的错误是往往坚持按照自己的直觉思维来安排学习过程，并把各种先入为主的对有关学习方法的理解和愿望带进学习过程之中，从而使目标和活动相脱节。掌握正确的学习方法，乃是个人更大发展的先导。

具体到中小学课堂教学来说，学习方法的指导包括两方面的内容：一是在具体的教学情境中，教师通过对学生学习兴趣的激发，学习态度和学习习惯的培养，引导学生掌握和运用适当的方法进行学习；二是引导学生充分认识某些方法的运用范围，以便学生在一定的学习情境中科学地选择和运用相应的方法。

（二）学习方法指导的必要性

1. 重视学习方法指导，是信息化社会的需要

信息化、数字化、学习化，这些标示现代社会发展的词语，一定程度上体现了学生所处的社会变化形态。科学技术突飞猛进，知识经济初见端倪，新知识、信息按几何级数增长，科学技术的更新和知识老化的周期日益缩短，这已成为现代社会的突出特点之一。面对浩瀚无垠的知识海洋，面对瞬息万变的科技世界，怎样才能使学生学得多、学得快、学得好，已成为广大教师不得不认真对待的问题。中小学生要能适应走上社会面临的种种挑战，仅仅学习书本知识以及教师传授的知识是远远不够的。教师应该在传授知识的同时，引导学生掌握人类在积累这些知识和技能的过程中所总结出来的认识问题和发现规律的科学方法，引导学生逐步将知识转化为能力，并为形成科学的人生观和世界观创造条件。

2. 重视学习方法指导，是学生全面发展的需要

教学是师生互动的过程。在教学中，既需要教师运用一定的组织形式，通过一系列教学环节，采用行之有效的教法，引导学生获取文化科学知识；也需要学生的积极参与，用科学的学习方法，积极主动地吸取知识。离开了学习方法，教学方法也就"孤掌难鸣"。教师注重对学生学习方法进行指导，可以使学生掌握开启知识宝库的金钥匙，学生不但想学、乐学，而且还能会学、优学。另外，教师指导学生在获取知识、发展能力过程中运用良好的学习方法，必然有助于科学思维的形成，有助于正确的政治、思想观点和崇高的道德品质的形成，有助于培养学生的个性。

3. 重视学生学习方法指导，是学生终身发展的需要

中小学属于基础教育，基础教育是为学生发展打基础的，需要使学生掌握基础知识、基本技能、基本态度、基本能力。与此同时，教师还应注意到，在充满变化的未来社会，对学生发展的需求提出的挑战是巨大的。因此，在引导学生关注当下、注重基础的同时，还需要重视未来变化，要使教育体现出自身的未来特性。学生掌握了科学的学习方法，是终身受益的一种素养。它开启了学生终身学习之门，即使离开了学校，也可以借助于自己的独立阅读、独立学习、独立思考，凭借自己良好的学习态度和学习习惯，不断吸收各种各样的知识，不断使自己能够跟上甚至引领社会知识的变化。换句话说，让学生在中小学掌握一些学习方法，不仅对学生在校学习各门学科会起到良好的促进作用，而且有利于学生养成独立思考、独立创造的优良品质，学生将终生受益。

4. 重视学习方法指导，是课堂教学改革的需要

素质教育倡导促进学生的全面发展、全体发展、主动发展、个性发展、终身发展，新课程改革提倡重过程、重体验、重探究，这一切要求都需要转化为实际的课堂教学行为，体现为课堂上师生的相互交往。从今天来看，中小学课堂教学改革还处在一种新旧杂陈的阶段,即传统的课堂教学观念仍然存在,新的教学观念和技能正处在发展状态。实现课堂教学变革,是所有教育教学改革的基础和核心。在课堂教学变革中,如果仅仅考虑教师行为的调整,没有顾及学生在学习状态、学习方法上应出现的变化,那么这种变革就难以实现,或者是不恰当的。引领学生掌握科学学习方法,形成积极学习概念,确立正确学习态度,养成良好的学习习惯,是当今课堂教学改革需要破解的难题。

训练提示

分析自己已掌握的学习方法的情况,思考这些学习方法在自己学习与工作中发挥的作用。

二、学习方法指导的内容

(一) 完成课业方法的指导

根据学生学习的几个环节:制订计划、预习、听课、复习巩固与作业、总结,从宏观上对学习方法分层次、分步骤指导。

1. 制订学习计划的指导

"凡事预则立,不预则废,谋而后成。"制订得当的学习计划,对于学生提高学习效率,培养良好的学习习惯等来说具有重要作用。在制订学习计划时,教师应指导学生做到以下几点:

(1) 计划要全面。制订学习计划时应多考虑学习的具体安排,也要对全部学习生活作通盘考虑,以保证学习生活丰富多彩,张弛有度,使学生精力充沛地去学习。

(2) 计划要切合实际。制订学习计划要结合某一阶段的学习任务,可利用的自由学习时间,一周内的效率周期,一天内的效率变化及个人情绪、身体状况、客观条件的变化和前一阶段对知识的掌握情况,以使计划具有完成的可能性。

(3) 计划要有灵活性。为应付一些偶然情况,计划应留有余地,在时间和内容上要有一定的伸缩性,以增强完成计划的可能性。

(4) 安排好自由学习时间。在由自己支配的学习时间内,学生可根据实际情况,围绕某一专题,或弥补学习中的不足,进行课后复习与阶段复习,或进一步钻研,开阔视野。

(5) 计划要及时调整。计划执行到一定时间,要检查执行情况,若因情况变化而执行有偏差时,要及时调整计划;若因主观因素造成执行不力,就要经过努力排除困难和干扰,以保证计划顺利实施。当然,若执行得很顺利,就按原计划做下去。

2. 预习方法的指导

有的学生往往不善于预习,也不知道预习起什么作用,预习仅是流于形式,草草看一遍,看不出问题和疑点。在指导学生预习时应要求学生做到:一粗读,先粗略浏览教材的有关内容,掌握本节知识的概貌。二细读,对重要概念、公式、法则、定理反复阅读、体会、思考,注意知识的形成过程,对难以理解的概念作出记号,以便带着疑问去听课。方法上可采用随课预习或单元预习。预习前教师先布置预习提纲,使学生有的放矢。实践证明,养成良好的预习习惯,能使学生变被动学习为主动学习,同时能逐渐培养学生的自学能力。

3. 听课方法的指导

在听课方法的指导方面要引导学生处理好"听"、"思"、"记"的关系。

"听"是直接用感官接受知识,应指导学生在听的过程中注意:听每节课的学习要求;听知识引入及知识形成过程;听懂重点、难点剖析(尤其是预习中的疑点);听例题解法的思路和思想方法的体现;听好课后小结。教师讲课要重点突出,层次分明,要注意防止"注入式"、"满堂灌",一定掌握最佳讲授时间,使学生听之有效。

"思"是指学生思维。没有思维,就发挥不了学生的主体作用。在思维方法指导时,应使学生注意:多思、勤思、随听随思;深思,即追根溯源地思考,善于大胆提出问题;善思,由听和观察去联想、猜想、归纳,树立批判意识,学会反思。可以说"听"是"思"的基础、关键,"思"是"听"的深化,是学习方法的核心和本质的内容,会思维才会学习。

"记"是指学生课堂笔记。初一学生一般不会合理记笔记,通常是教师黑板上写什么学生就抄什么,往往是用"记"代替"听"和"思"。有的笔记虽然记得很全,但收效甚微。因此在指导学生记笔记时应要求学生:记笔记服从听讲,要掌握记录时机;记要点、记疑问、记解题思路和方法;记小结、记课后思考题。使学生明确"记"是为"听"和"思"服务的。

4. 提问方法的指导

巴尔扎克曾说过:"打开一切科学的钥匙都毫无疑义地是问号,我们大部分的伟大发现都应归功于'如何',而生活的智慧大概就在于逢事都问个'为什么'。"对学生来说,这段论述具有同样重要的意义。"不会提问的学生不是好学生"。多提问题,多思考问题,有助于学生真正掌握书本上以及教师传授的知识,有助于学生形成积极思考、遇事爱动脑筋的学习习惯,有助于表达能力、应变能力和人际交往能力的培养。

提问的类型是多样的,如果从提问的形式分类,可以有自问自答、提出问题请他人回答、讨论三种类型。这三种类型具有不同的功用,教师要引导学生掌握在不同环境下采用不同提问方式的本领。

从提问的目的分,提出的问题可以是:(1)记忆型,是较低层次的提问,如"是什么"之类,学生借助于回忆就可以给出问题的答案。(2)理解型,即以了解原因为目的,或者了解事物与事物之间的关系,主要解决"为什么"的问题。这类提问要求的思维活动要复杂一些,得到的答案不仅仅是什么,而且还要知道为什么是这样而不是那样,如:"这道题为什么要这样列式呢?我那样列式为什么不对呢?"(3)探索型,即以已经掌握的知识为基础,对未知领域进行探索的提问。这类问题层次更高,需要的思维活动更复杂,包含逻辑推理和创造性思维等因素在内,如:"鲸在海底能保持体温,能否将它的保温原理运用于潜水衣呢",等等。

在课堂上,学生提问主要要做到以下几点:

(1)克服心理障碍,积极提问。有不懂的问题向老师、同学发问,是学习积极上进的表现,不应难为情或者害怕。有些同学基础差,上课时别人听懂了,自己却没全听懂,提问担心老师会批评或同学笑话。在这种情况下,教师要注意引导学生认识到积极提问说明是在认真思考,是良好学习态度的表现,老师和其他同学一定会为他的进步和勇于提出问题感到高兴的。

(2)开动脑筋,善于提问。发现问题是学习进步的前提,是第一步。要发现问题必须具备两个条件:一是要有一定的基础知识,假如对学过的基础知识缺乏掌握,提问就有困难;二是要勤于思考,也就是充分发挥自己的主观能动性,不满足于知道了什么,还要多问几个"为什么"、"怎么样"。

(3)尽量自己先思考,解决不了再问别人。对于学习中遇到的问题,学生应首先通过自己看书、思考、研究、查阅相关资料予以解决,这是一种有效的自我训练。如果经过努力,仍不能解决,再询问其他人。

(4)把问题概括得简单扼要。在头脑里先理清出现了哪些疑问,然后再思考一下怎样用语言简明扼要地表达出这些疑问。这个过程从时间上来说很短暂,但却不能省略。常常会有这种情况,有时候越是急着问问题却越是问不清楚,也有时有问题请教别人,而别人对你的问题听不懂,问了半天还不得要领,这都是因为对问题没有很好地进行提炼和推敲,意思表达不清楚所致,这样提问的效果当然不理想了。

(5)及时对答案进行消化。别人的答案不一定都是正确的,如果觉得把握不大,就应该继续思考、探讨。获得正确答案后,应力求找出自己原来错在什么地方和不懂的原因,同时对正确的答案及时进行消化、吸收和巩固,使之变成自己的知识。

5. 复习巩固及完成作业方法的指导

有的学生课后往往急于完成书面作业,忽视必要的巩固、记忆、复习。以致出现照例题模仿、套公式解题的现象,造成为交作业而做作业,起不到作业的练习巩固、深化理解知识的应有作用。为此在这个环节的学法指导上要求学生每天先阅读教材,结合笔记记录的重点、难点,回顾课堂讲授的知识、方法,同时记忆公式、定理。然后独立完成作业,解题后再反思。在作业书写方面也应注意"写法"指导,要求学生书写格式要规范、条理要清楚。

6. 小结或总结方法的指导

在进行单元小结或学期总结时,学生容易依赖老师,习惯教师带着复习总结。从小学开始就应培养学生学会自己总结的方法。在具体指导时可给出复习总结的途径。要做到:一看,即看书、看笔记、看习题,通过看,回忆、熟悉所学内容;二列,即列出相关的知识点,标出重点、难点,列出各知识点之间的关系,这相当于写出总结要点;三做,即在此基础上有目的、有重点、有选择地解一些不同档次、类型的习题,通过解题再反馈,发现问题、解决问题,最后归纳出体现所学知识的各种题型及解题方法。应该说学会总结是学习的最高层次。学生总结与教师总结应该结合,教师总结更应达到精练、提高的目的,使学生水平向更高层次发展。

7. 考试方法的指导

考试是检查学生课业学习成果的一种方法。通过考试,学生可以了解自己掌握知识的程度、技能技巧达到的水平和灵活运用知识的能力。教师要注意引导学生养成正确对待考试的态度,要让学生把考试看作是一次再学习的机会,是自己巩固和加深理解已学知识的途径,是衡量自己学业成就的一种方式。在考试前,要引导学生注意科学用脑,劳逸结合,睡眠要保持充足。在具体考试方法上,要引导学生努力做到以下几点:

(1)保持镇定,不慌不乱。临场情绪紧张是难免的,但首先要调动意志力,使自己尽快镇定下来,不要慌乱。如果紧张过度或紧张长时间得不到平缓,将严重影响正常思维,影响考试成绩。

(2)浏览试卷,把握全面。试卷到手,别忙于做题,而应先花 2~3 分钟时间迅速浏览一遍整个试卷。这样做不仅是检查试卷有无遗漏或其他差错,更重要的是大致了解考题的难易程度,做到心中有数。

(3)答题有序,先易后难。先答什么题,后答什么题,要有统筹安排。一般来说,临场总有一个由紧张到平静的过程。紧张时,思路狭窄、迟钝,不具备啃难题所需的深度和灵活性。而先易后难,则适于紧张时答题,以争分夺秒,并可以通过对较容易题目的顺利解答而使紧张的情绪平静下来,进而空出时间再来攻克难题。

(4)坚定信心,克服难题。一般说来,试卷往往有部分难题,不少同学往往被难题吓住。其实,所谓难题,也只不过是综合性较强的题目而已,目的是为了考核学生掌握知识的深度和广度,检查其灵活运用知识和分析综合的能力,因此,要树立攻克难题的信心。只要平时知识掌握得牢固,用得熟练,对试题认真分析思考,明确题目类型,然后仔细推敲,就能化难为易,攻克难关。

(5)认真检查,补遗纠错。有些试题本来不难,只因为一个符号、一个字用错,或因笔误、漏字等问题,而导致整个题目全错,这在考试中往往不乏其例。所以,答卷时要认真仔细,答完卷后,不要急于交卷,充分利用剩余时间对每题的解答进行检查、验证,力求答案准确,避免不应有的错误。

(6)书写工整,卷面整洁。在动笔书写答题时,注意书写格式,卷面要整洁,内容要准确无误。必要时,可先在草稿纸上勾划一下答题轮廓,然后再正式答题。整洁的卷子会给阅卷老师以好的印象,也便于阅卷和以后的订正。

(7)反复核对,自我把关。考试时,审题是前提,解题是关键,核对是保障。教师要引导学生珍惜考试时的最后一分钟,告诫他们不要匆忙交卷。复核时,一定要头脑冷静,切勿把本来正确的答案改错了。

(8)查找原因,改正错误。对考试的结果,要让学生做到"一看二查三订正"。"一看"就是要看分数,从得分中看哪些知识已掌握,哪些知识还未掌握。"二查"就是查原因,总结经验,为什么这些知识掌握得较好,为什么这里会出差错,总结好的经验固然重要,但寻找差距尤不可忽视,将不会或答错的题目弄清楚,或自己看书,或请教老师或同学。"三订正"就是要更正自己的错误,加深理解,巩固记忆,防止再犯类似的错误。有些同学把平时作业和考试中出现的典型错误记录在一个本子上,编成错题集,也是一种为以后应考做总结的好方法。

(二)发展智力方法的指导

智力,包括观察、记忆、思考等因素,与此相适应,就有观察方法、记忆方法、思考方法等。

1. 观察方法的指导

观察,从心理学的角度来说,是一种受思维影响的、主动的、有意的特殊知觉活动,是学生有目的地运用感官去感知周围的环境和人体自身。善于观察、学会观察对学生来说至关重要。

中小学生应该掌握的观察方法主要有:①仔细观察。观察要集中注意力,既要注意主体部分又要注意细小部分。②有顺序地观察。如从左到右,从上到下,从远到近,从中间到四周等。③抓住特点观察。如观察事物的特征,观察事物的静态和动态,观察人物的外貌、动作、语言、心理特点。④变换角度观察。如学会从不同的侧面,多角度观察事物,把握事物多方面的特征。应让学生懂得,观察的关键在于做有心人。

2. 记忆方法的指导

在人的一切活动中,记忆具有重大意义。如果一个人没有记忆力,就不能获得任何知识和经验。有人把记忆比作"智慧的仓库",各种知识就是储藏在这个"仓库"里的货物,汲取某些知识就等于向仓库"进货",需要取出仓库中的某些知识就等于从仓库向外"发货"。

中小学生应该掌握的记忆要求主要有:

(1)集中注意力。记忆时只要聚精会神、专心致志,排除杂念和外界干扰,大脑皮层就会留下深刻的记忆痕迹而不容易遗忘。如果精神涣散、一心二用,就会大大降低记忆效率。

(2)保持兴趣。如果觉得学习材料、知识对象索然无味,即使花再多时间,也难以记住。因此要保持兴趣,这样才能提高学习效率。

(3)理解记忆。理解是记忆的基础。只有理解的东西才能记得牢记得久。仅靠死记硬背,则不容易记得住。对于重要的学习内容,如能做到理解和背诵相结合,记忆效果会更好。

(4)实施过度学习。过度学习即对学习材料在记住的基础上,多记几遍,达到熟记、牢记的程度。

(5)及时复习。遗忘的速度是先快后慢。对刚学过的知识,趁热打铁,及时温习巩固,是强化记忆痕迹、防止遗忘的有效手段。

(6)经常回忆。不断进行尝试回忆,可使记忆中的错误得到纠正,遗漏得到弥补,使学习内容的难点记得更牢。闲暇时经常回忆过去识记的对象,也能避免遗忘。

(7)视听结合。可以同时利用语言功能和视、听觉器官的功能,来强化记忆,提高记忆效率。比单一默读效果好得多。

(8)运用多种手段。根据情况灵活运用分类记忆、图表记忆、缩短记忆及编提纲、做笔记、卡片等记忆手段,均能增强记忆力。

(9)掌握最佳记忆时间。最佳时间一般来说,上午9~11时,下午3~4时,晚上7~10时,为最佳记忆时间。利用上述时间记忆难记的学习材料,效果较好。

(10)科学用脑。在保证营养、积极休息、进行体育锻炼等保养大脑的基础上,合理用脑,防止过度疲劳,保持积极乐观的情绪,能大大提高大脑的工作效率。这是提高记忆力的关键。

3. 思考方法的指导

思考对任何一个大脑健全的人来说,是一种行为的先导,决定着人的处事对策、手段。任何事情的处理,都将以此为前提,决定自己该不该做,该做什么,不同的是思考的范围、内容及深度。由于思考的程度直接关系着处事的结果,故人们常以"三思而行"来告诫自己。就学生来说,在学习过程中,如果光学习不思考,就会迷茫无知,得不出结果;反之,光思考不学习,就会疑惑不解,思不出结果。因而,学生在整个学习过程中都离不开思考。

中小学生应掌握的思考方法主要有:比较法,将一事物与另一事物进行对比,找到它们的相同点和不同点,通过对事物的大小、优劣、好坏等进行比较得到对事物的进一步认识;分类法,根据不同的标准,将事物分成不同的类别;概括法,将复杂的内容进行简化,用概括的语言予以表达;分析、综合法,先从整体上把握事物,将事物分成若干部分予以分析,再综合起来把握事物的特点;归纳、演绎法,从大量的个别事物中抽象、归纳出一般规律,并将这种一般规律运用到其他个别事物中去。教师应让学生懂得,掌握思考方法的关键在于多动脑筋,勤于思考。

4. 读书方法的指导

苏联著名教育家苏霍姆林斯基曾说过:"阅读是学习之母。"在信息化社会到来的今天,学生掌握读书的方法,对于他自己主动搜集信息、分析信息进而占有信息来说具有重要意义。读书的方法多种多样,下面介绍常见的十种方法:

(1)泛读。泛读即广泛阅读,指读书的面要广,要广泛涉猎各方面的知识,具备一般常识。不仅要读自然科学方面的书,也要读社会科学方面的书,古今中外各种不同风格的优秀作品都应广泛地阅读,以博采众家之长,开拓思路。马克思写《资本论》曾钻研过 1 500 种书,通过阅读来搜集大量的准备资料。

(2)精读。朱熹在《读书之要》中说:"大抵读书,须先熟读,使其言皆若出于吾之口;继以精思,使其言皆若出于吾之心,然后可以省得尔。"这里"熟读而精思",即是精读的含义。也就是说,要细读多思,反复琢磨,反复研究,边分析边评价,务求明白透彻,了然于心,以便吸取精华。对本专业的书籍及名篇佳作应该采取这种方法。只有精心研究,细细咀嚼,文章的"微言精义",才能"愈挖愈出,愈研愈精"。可以说,精读是最重要的一种读书方法。

(3)通读。即对书报杂志从头到尾阅读,通览一遍,意在读懂、读通,了解全貌,以求一个完整的印象,取得"鸟瞰全景"的效果。对比较重要的书报杂志可采取这种方法。

(4)跳读。这是一种跳跃式的读书方法。可以把书中无关紧要的内容放在一边,抓住书的筋骨脉络阅读,重点掌握各个段落的观点。有时读书遇到疑问处,反复思考不得其解时,也可以跳过去,向后继续读,就可前后贯通了。

(5)速读。这是一种快速读书的方法,即陶渊明提倡的"好读书,不求甚解"。可以采取"扫描法",一目十行,对文章迅速浏览一遍,只了解文章大意即可。这种方法可以加快阅读速度,扩大阅读量,适用于阅读同类的书籍或参考书等。

(6)略读。这是一种粗略读书的方法。阅读时可以随便翻翻,略观大意;也可以只抓住评论的关键性语句,弄清主要观点,了解主要事实或典型事例。而这一部分内容常常在文章的开头或结尾,所以重点看标题、导语或结尾,就可大致了解,达到阅读目的。

（7）再读。有价值的书刊不能只读一遍,可以重复学习,"温故而知新"。著名思想家、文学家伏尔泰认为"重读一本旧书,就仿佛老友重逢"。重复是学习之母。重复学习,有利于对知识加深理解,也是加深记忆的强化剂。

（8）写读。古人云:"不动笔墨不读书",俗语也有"好记性不如烂笔头"之说。读书与做摘录、记心得、写文章结合起来,手脑共用,不仅能积累大量的材料,而且能有效地提高写作水平,并且能增强阅读能力,将知识转化为技能和技巧。

（9）序例读。读书之前可以先读书的序言和凡例,了解内容概要,明确写书的纲领和目的,有指导地进行阅读。读书之后,也可以再次读书序和凡例,以便加深理解,巩固提高。

（10）选读。就是读书时要有所选择。古往今来,人类的文化宝藏极为丰富。一个人的精力毕竟有限,如果不加选择,眉毛胡子一把抓似的读书,就不会收到好的效果。可以结合自己的情况,有针对性地选择书目,进行阅读,这样才能达到事半功倍的效果。

训练提示

1. 思考学生学习方法运用中容易出现的问题,以及解决这些问题的方法。

2. 在教学实习或其他教学情景中,针对学生实际需求,对学生进行完成课业和发展智力方法的指导。

3. 在本班级内部,开展一次读书经验交流的研讨活动,分享各自读书的经验,促使大家进一步掌握各种行之有效的读书方法。

三、学习方法指导的途径与基本要求

（一）学习方法指导的途径

1. 开设专门的学习方法指导课

要使学生掌握完整的学习方法体系,必须有意识地向学生系统传授科学的学习方法,因此就有必要开设学习方法指导课。这类课的开设,要以学生在学习过程中的心理特点、认识规律为研究对象,揭示学习的规律性要求和学习的生理、心理机制,提出相应的学习技巧和方法,通过学习目标的提出、学习动机的激发、学习兴趣的培养,使学生明确掌握学习方法的目的意义,明白学习方法的类型,并学会正确运用各种学习方法。

2. 举办学习方法讲座

由于人力物力所限,有些学校无法开设系统的学习方法指导课,但可以通过讲座的形式让学生了解学习方法的相关知识和基本要求。通过讲座,教师可就常规性学习方法,也可就某学科特殊的学习方法以及某一具体的学习方法作专门的介绍。

3. 结合各科教学渗透学习方法指导

"过程与方法相统一",这一新课程的主张,体现了在教学过程中对渗透学习方法的基本要求。在教学中,教师不仅要与学生进行知识互动,而且还要有目的、有计划地引导学生掌握各种学习方法。不同学科有不同教法与学法。教师应遵循学生的认识规律和各科教学内容的特点,把学习方法指导渗透于各科教学之中。具体途径有:其一,教师可通过与学生一起学习,如一起讨论问题,对学生进行学习方法示范。其二,在教学过程中可对学生的学习方法提出具体要求。如让学生背诵课文,就应同时向学生介绍科学的背诵方法;如批改作业,不但重视内容或结果是否正确,还需要指出方法是否合理。其三,教学中教师要引导学生认识和理解自己的学习过程,让学生把自身的学习作为认识的对象,去分析自己的思维过程和思维方式。

4. 交流学习方法

有些学生在某些学科上学得轻松,成绩优良,对这些学生的学法有必要加以总结和交流。各门学科学得好的学生,更有自己独特的学习方法和经验。对于这些,教师要善于发现,及时推广。这些学生都来自班级群体,彼此间学习条件相近,总结推广他们的经验,会在群体中引起强烈的反响,使大家感到可信、易学。所以,在校内或班级内交流学习经验,是进行学习方法指导的又一有效途径。在具体做法上,除学习经验交流会外,也可召开学习方法讨论会、学习方法主题班会、学习方法宣讲会等。通过学习方法交流,建立学生间学习信息的沟通渠道,引导学生自己总结学习过程,逐步掌握和运用科学的学习方法。

(二)学习方法指导的基本要求

1. 经常调查学生的学习状况,做到有的放矢

教师要在日常教学中注意纠正学生不良的学习习惯,帮助他们学会和掌握科学的学习方法,要对他们学习习惯和所运用的学习方法有所了解。就拿语文学科来说,教师就要了解学生课前是否主动预习,上课是否专心思考,课后是否自觉复习,是否有经常查阅字典、边读边思考的习惯,是否有大胆质疑的习惯,课外阅读是否有随手摘录、随时搜集运用的习惯。对这些调查结果,教师要进行深入分析,了解学生学习方法的得失,然后进行有效的指导。

2. 要善于积累科学的学习方法

在学法指导中,教师一定要注意探索和积累科学的学习方法,既要吸收传统学习方法的精华,也要学习国内外新学习方法和经验,在积累中增长见识,在此基础上根据教学需要,择善而施。如培养学生口头表达能力的方法有答问、解

新编教学工作技能训练

说、复述、致辞、交谈、口述见闻观感等;拟写提纲的方法有按段落结构拟提纲、按情节发展拟提纲、按论点论据拟提纲等。在培养学生的口头表达能力和拟定提纲能力时,就要根据实际情况指导其采用适当的方法。

3. 着眼于发展学生的思维

思维能力是智力结构的核心,贯穿于学习活动的整个过程。学习方法的指导应着眼于思维方法的掌握和思维能力的发展。在教学过程中,教师应指导学生懂得如何抓住事物的整体和全貌,以及关键性问题;应培养学生透过表面现象认识事物的本质和规律的能力;应有助于学生自己发现问题、思考问题和解决问题;应有助于学生大胆质疑和探索;应有助于学生对所面临的问题迅速、准确地做出反应;应有助于学生按照逻辑顺序思考问题等。

4. 发挥自身的表率作用

教师的教学方法体现着对学生学习方法的指导。如果教师采用的是注入式、满堂灌、照本宣科的教学方法,那么就容易使学生养成不动脑筋、死记硬背、生搬硬套的不良习惯;如果教学能做到少而精、深入浅出、富有启发性,那么学生就会变得活泼生动、爱动脑筋、有创造性。因此教师应重视教学方法的变革,通过自己新颖、多样、科学的教学方法来影响学生。

5. 根据实际,分类指导

不同的学生在知识、能力和非认知因素等方面,均存在着不小的差异,不同年级的学生对学习方法指导的重要性以及探索和总结学习方法的能力也有所不同。因此,教师要兼顾这些差异,有针对性地进行辅导,对不同条件、不同年级的学生提出不同的要求;对不同的学生,应具体针对其薄弱之处给予指导。

6. 引导学生逐渐形成自己独到的学习方法

掌握良好的学习方法是一种能力,一般说来,需经过模仿和创新两个阶段。在学习方法指导中,教师应根据由浅入深、循序渐进的原则,先给学生提供适当的范例或基本模式,并通过一定量的训练,以促使学生把教师所教给的学习方法内化为自己的学习方法,逐步建立起具有个人特色的学法体系,发展自学能力。在这个过程中,教师不可操之过急,苛求学生的学习方法合理、有效,也不可满足于学生对范例和模式的模仿,而窒息了学生的创造性和独特性。

训练提示

1. 分析哪种学习方法指导途径对自己影响最大,思考在自己实际教学中如何恰当地运用这四种途径。

2. 对照学习方法指导的基本要求,分析自己已有学习方法指导经验中的不足成分,探讨后续改进方向。

思考与练习

1. 什么是学习方法指导?
2. 学习方法指导主要包括哪些内容?
3. 学习方法指导一般经由哪些途径?
4. 学习方法指导的基本要求有哪些?

第九章
组织、指导课外活动技能

本章目标

1. 了解课外活动的特点和作用。

2. 了解课外活动的基本内容和主要形式。

3. 掌握课外活动的一般设计要求,能在教学实际中自主设计并开展课外活动。

课外活动是指在课堂教学之外,在教育者的直接或间接指导下,用以补充课堂教学,实现教育目的的一种教育活动。课外活动又可以分为校内活动和校外活动,两者的区别在于组织指导主体的不同。校内活动是由学校领导,教师组织指导的活动;校外活动是由校外教育机关组织指导的活动。校内活动并不仅仅限于学校范围之内,也可以是在校外组织活动,它与校外活动的区别只是在组织和领导方面的不同。在这里,我们着重分析的是校内课外活动。

一、课外活动概述

(一) 课外活动的特点

课外活动与课堂教学虽然都是实现教育目的的重要途径,但由于课外活动在活动内容、组织形式、活动方式上又不同于课堂教学,因此具有它自身的特点。

1. 课外活动具有高度的自主性

课外活动是在课堂教学以外进行的活动,组织者根据教育教学的实际需要,可随时随地地组织形式多种多样、内容丰富多彩的活动。课外活动有时是学校或校外教育机关统一组织的活动,还有很多时候是在学校或校外教育机关的指导下,学生根据自己的兴趣、爱好、特长以及实际的需要,自愿地组织、选择和参加的活动。这样,不仅能发挥学生的积极性和主动性,而且能使学生的才能、个性得到充分发展,有利于学生的优良个性品质的培养。

2. 课外活动具有很大的灵活性

课外活动的开展,可以根据学校的实际情况和学生的身心发展状况等来确定。活动规模的大小、活动时间的长短、活动内容的选择等都可以灵活掌握,没有固定模式,生动活泼,灵活多样。

3. 课外活动具有很强的伸缩性

进行课外活动,可以根据本地区、本学校的实际情况,或受教育者的不同愿望,开展内容丰富多彩的活动。不像课堂教学那样,要按照统一的课程标准、教学计划和教科书的要求去做。活动内容可由学校根据实际需要自行决定,内容可深可浅,可多可少,还可以不断变动,具有很强的伸缩性。

4. 课外活动具有很强的实践性

课堂教学中,学生可以获得知识,培养思想品德,提高审美能力等。在课外活动中,学生有直接动手的机会,在其亲自参与、组织、设计的各项实践中,获得了实际知识,提高了思想品德和身体素质,各方面的能力都在实践活动中获得了发展。

(二) 课外活动的作用

课外活动在整个教育活动中,有着广泛而深刻的影响。作为一条重要的教育途径,它在人的身心发展中有着重要的意义和作用。

(1) 课外活动不仅能加深、巩固和扩大课堂上所学到的间接知识,而且能不断地获得新的知识。学生可以把在课堂上获得的知识运用于实际,从而加深对知识的理解。在已获知识的基础上,进行实际操作,并能不断地发现新的知识,掌握新的技能。内容丰富多彩、形式多种多样的课外活动,还可以激发学生的学习动机,推动学生不断地去探求知识,刻苦地学习,并且能够培养和发展学生的创造才能以及手脑并用的能力。

(2) 课外活动可以培养学生的良好的思想品德,丰富和活跃学生的精神生活。在课外活动中,通过进行多种形式的政治教育、革命传统教育活动,提高学生的思想政治觉悟,培养学生热爱祖国、热爱人民的情感;通过参观访问,学习现实生活中的先进人物、先进事迹等,使学生对照自己,找到差距,不断提高;参加社会公益劳动,争做好人好事,可以提高学生的良好道德品质;课外阅读、参观、访问、讲演、竞赛等活动,还可以不断地丰富学生的精神生活,使其健康活泼地发展。

(3) 课外活动可以发展学生的体力、审美能力、劳动能力、社会交往能力等。通过课外体育活动,可以发展学生的体力。学生通过创造美、鉴赏美、感受美等活动,可以发展其审美能力。通过参加有益的公益劳动等,可以发展学生的劳动能力,并掌握基本的生产技能。课外活动中社会交往能力的学习与训练,能为学生在未来的工作、家庭、社会生活中,接触各种人,应付各种环境做好准备,为学生走向社会、适应社会和认识社会打好基础。

(4) 课外活动还可以使教师及早地发现人才,促进人才的早期培养。课外活动内容丰富,形式多样。学生个人的志趣、爱好、特长以及各种才能都可以在活动中得到充分的发挥和表现。因此,教师可以从中发现在某一方面有特殊才能的人,并及时培养和训练,防止人才的埋没。

(5) 课外活动有利于学生个性的形成和培养。课外活动是学生个性得以充分施展的良好途径。通过课外活动,不仅使学生的业余时间得以利用,而且使他们获得了知识,发展了能力,并且防止了他们从事不利于身心健康发展的活动,使其愉快而有意义地度过课余生活。同时,课外活动还是锻炼他们独立自主生活能力的一个极好机会。

训练提示

1. 对比分析课外活动与课堂教学,思考两者的异同。

2. 回忆自己经历的课外活动给自己带来的帮助,对自己日后指导学生开展课外活动提出基本设想。

二、课外活动的内容和形式

课外活动主要有小组活动、群众性活动和个别活动三种形式。借助这些形式,可开展多样化的课外活动。

(一) 小组活动

小组活动是课外活动的重要形式。活动小组也可以称为兴趣小组、研究小组或某某协会、某某社团等。小组以自愿结合为主,每个学生可以参加一个或两个小组。小组人数不宜过多,少则 4 至 5 人,多则 10 余人,如果人数过多,活动不方便,指导也不便。这类小组在学校可以跨年级,也可以在年级内组成,人数多了可以按班建立。这种小组活动可以分为以下几种类型:

1. 学科小组

所谓学科小组,就是根据学生对某学科的喜好、按学科组成的课外小组。学科小组的活动可以与课堂教学联系起来,在课堂教学的基础上,扩展范围、联系日常生活实际开展活动。如生物小组,可以在书本知识的基础上,搞些小动物饲养、花卉栽培等。还可以请有关学科专家学者座谈、报告。还可以进行与本学科有关的参观、访问等。如化学小组,可以去化工厂参观,扩展学生的知识领域,增强学生的兴趣,为将来从事这门学科打下基础;如物理小组,可以制造教具、模型等;语文小组,可以开展对影视的评论,搞些朗诵会等;体育小组,可以进行单项训练,提高某单项的运动成绩,为将来成为优秀运动员奠定坚实的体能、技术基础。

2. 艺术小组

艺术小组的成员除兴趣爱好外,还要有一定的专长。这类小组除了提高成员的专长外,还可以在节假日、课余为学生或社会演出,这样既丰富了学校的精神生活,还可以为社会服务,提高学校的社会声誉。艺术小组可分为歌咏小组、舞蹈小组、乐器小组、戏剧小组、美术小组等。当然,歌咏小组和乐器小组,也可以作为音乐学科小组。美术小组也可以作为美术学科小组。艺术小组一般要请有专长的教师和艺术工作者作辅导员,认真辅导训练,才能使学生专长得到培养和发展。

3. 手工艺小组

这类小组也可以与劳动技术教育结合起来,像制作一些教具、标本、小手工艺品。具体可以分为:木工小组,在木工师傅指导下,进行简单的家具制造,为学校修理桌椅,制作一些宣传橱窗等等;刺绣缝纫小组,可以组织学生练习裁剪加工服装,练习刺绣手艺,等等。进行活动时,应结合就业教育开展活动,这样可以使学生结合个人爱好、专长,更好地选择将来从事的职业,对提高劳动者的素质有促进作用。

(二) 群众性活动

群众性的课外活动有全校性的,有年级、班级的,也有校际的。其中有以教育为主的,如报告会、故事会、讲座,以及科技节、文化节、演出会、夏令营等;有以发现才能为主的各种竞赛,如学科竞赛、智力竞赛、球类比赛以及小发明、小制作、小论文、小改革、小建议的评比等。具体形式主要有以下几种:

1. 传统节日和历史纪念日活动

春节、国庆节、青年节、儿童节召开纪念会和联欢会,通过活动对学生进行教育。清明节组织学生去祭扫烈士墓,对学生进行革命传统教育,使学生认识中国人民的苦难历史,振奋民族精神。这类活动的准备过程和活动过程都可对学生进行教育,要注意思想性和内容的丰富、生动,避免空洞的说教,并作为传统保持下去。

2. 专题报告、讲座

这种群众性的大型活动,可以结合当时的国内外形势和发生的大事,进行专题报告会,对学生进行教育。如可请有关领导讲改革开放的形势,讲社会热点问题,讲法律政策等。也可请专家学者、英雄、模范讲个人的事迹,对学生进行思想教育和科学普及教育。还可以请优秀学生讲个人学习的经验体会。总之,这种活动主题要明确、单一,内容要生动感人,时间不宜过长,以一小时左右为宜。

3. 参观、游览

参观、游览是学生普遍欢迎的一种活动。它可以使学生受到现实的、生动的教育,可以丰富学生的直接经验,可以调剂学生的紧张生活,激励学生更加热爱祖国。参观游览革命胜地、文化古迹、博物馆、工厂、农村等活动要有目的和计划,要组织严密,要有充分准备。在参观游览中,让学生搜集资料、写生、摄影、采集矿石和动植物标本等。活动结束要认真总结,以达到巩固收获的目的。此种活动一定要教育学生严格遵守纪律,注意安全。还要做好必需的物质准备,如水、防暑药品、食品等。

4. 文体活动

在国庆节、青年节等纪念日,举行全校性的文艺演出活动,尽量吸收学生参加。通过文艺演出,培养学生集体主义精神,对学生进行爱国主义、社会主义教育。群众性的体育活动内容很丰富,如球赛、长跑、游泳、射击、登山等。这类活动要普及到每个学生,学校、家庭、社会都要关心青少年的健康,尽力支持学生的群众性的体育活动。开展体育活动要根据学生的年龄、体质、性别等情况进行,要坚持到底、坚持经常。另外,还要防止伤害事故的发生。学校如有条件,对先进个人可适当给予物质奖励,以促进学生开展文体活动的积极性。

5. 社会公益劳动

让学生适当参加社会公益劳动,可以使学生更好地了解社会情况,在公益劳动中受到教育与锻炼。如每年植树节,参加全民义务植树劳动,培养学生的环保意识,爱护花草树木。节假日时,组织学生为残疾人、离退休教师等做好事,为这些人送温暖,使学生感受到人世间的真情价值,受到人道主义教育。

(三) 个别活动

个别活动是课外活动的基础。课外活动中,有的活动是在老师指导下,学生单独进行的,如阅读、书法、绘画、独唱、独奏等;有的是在小组分工下,通过个人的活动去完成的。这种个别化的、独立的活动或实践,是培养学生独立研究能力的十分重要的途径。

个人活动是在教师的指导下,根据学生的兴趣、爱好、才能,组织学生开展的以个人为主的课外活动。像独立阅读书刊,进行个人写作;独立钻研某学科或某种技术,进行发明创造;独立进行某种乐器的演奏练习;独立进行绘画、摄影工作等。个人活动目的是发展学生个人专长,教师要指导学生自己教育自己,不能孤芳自赏,离群索居。要使学生树立"天生我材必有用"的思想,树立为祖国、为民族作贡献的思想。

1. 记叙自己近期经历的一次印象深刻的课外活动经历,分析这次课外活动组织的得当程度、相关参与人员的协同程度等。

2. 在自己教学实习或其他教学情景中,组织学生开展一次课外活动,详尽记录这次课外活动的开展情况,对自己如何改进课外活动的组织提出改进意见。

三、课外活动的设计

(一) 课外活动设计的要求

1. 课外活动设计必须有明确的目的

教师组织学生进行课外活动,不论采取哪种方式、开展什么内容,都要有明确的活动目的。如果没有明确的活动目的,不但不能完成活动任务,促进学生全面发展和特长发展,反而会使学生散漫松懈,受不到教育,得不到锻炼。如组织学生进行社会实践活动,就是为了对学生进行爱国主义、社会主义教育,增长学生的知识,培养学生认识社会的能力,培养学生独立分析、解决问题的能力,开阔学生的眼界,促进学生身心的全面发展。如组织学生进行文学艺术活动,就是为了培养、发展学生的特长,培养学生正确的审美观和高尚的情操,为国家培养文艺人才。另外,所谓目的明确,就是要符合实际,不能脱离实际,不能要求过高,也不能要求过低。总之,最终目的就是让学生在生动活泼的课外活动中,健康地成长,成为学有专长的人。

2. 课外活动设计要有周密的计划

为了使每项课外活动的目的都能实现,设计课外活动的方案就要有周密的计划,方案的计划要为实现活动目的服务。活动目的与计划是相互联系的,目的是计划的出发点与归宿,计划是目的的实施。所以,活动方案的计划要从学校、学生等各方面的实际出发,要切实可行。活动方案的计划要结合学生的年龄特点,结合学生兴趣爱好,在学生充分自愿的基础上制订。每次活动的日期、地点、内容要明确,每学期共活动几次要纳入计划。活动的主持人、指导教师(召集人)也要纳入计划。每次活动的要求、达到的目的也要在计划上写明,使每次活动有个目标,激发学生去努力达到目标,每次活动均有收获与乐趣。这样的课外活动学生才愿意参加,才会使学生通过活动增长才干,受到锻炼。整个课外活动计划要纳入学校的学期计划之中,这样从时间、人力、物力上就有了可靠的保障。活动计划的制订、实施都要争取社会、家庭的支持和帮助,这样既充实了内容,又可得到多方的援助。

3. 课外活动设计的内容要丰富多彩

因为课外活动是根据学生兴趣爱好,在学生自愿基础上开展的,为了吸引更多的学生积极参加活动,就要求在设计活动方案时,做到活动的内容丰富多彩,形式多种多样。活动内容丰富多彩是建立在物质基础之上的,所以设计方案时,在活动内容方面要充分考虑学校等各方面的物质条件。

方案中的活动内容要明确具体。因为中学生参加课外活动虽然有兴趣,但他们毕竟是学生,不够成熟。所以,在设计方案内容时,一定要把每次活动的内容写具体:活动什么,要求是什么,等等。内容确定之后,每次活动不能千篇一律,形式一定要灵活、生动,让学生在欢乐的活动中受到锻炼。

4. 课外活动设计要体现学生的参与精神

课外活动既然是学生自愿参加的活动,是发展学生专长的活动,就要充分体现学生的参与精神,体现学生为主体的精神。所以,在设计活动方案时,必须从学生的年龄特征出发,充分考虑到学生的兴趣爱好,征询学生对方案的意见,使学生有一种主人翁之感。学生通过课外活动,培养独立人格和创造精神,这方面正是我们的教育忽视的地方。

5. 课外活动设计要注意整合多种不同教育资源

设计学生课外活动方案时,虽然要发挥学校的主导作用,但还要积极争取家庭、社会等各方面的配合、支持,要整合多种不同教育资源,否则,学生的课外活动会受到多方的干扰,影响学生课外活动的效果。如果家长不积极配合支持,学生的活动很难成功;社会环境不好,学生的课外活动就可能产生负作用。所以,在设计活动方案时,尽量把家庭、社会因素纳入方案,如组成学校、家庭、社会三结合指导学生活动的机构,给学生的课外活动创造良好的条件。

(二) 课外活动设计的一般过程

1. 选题——课外活动内容的选取

课外活动内容是实现教育目标的载体,它决定着活动的成败,决定着教育目标能否实现。课外活动选题要符合教育改革与发展的要求,符合学生身心的特点,要因地制宜,有利于学生开展,有利于教师发挥。

2. 确立课外活动目标

课外活动目标是指通过活动要达到的具体的培养目标,它包括知识、技能方面的目标,也包括态度、科学方法、能力方面的目标和行为习惯方面的目标。

确定课外活动目标需要分析学生状况(包括年龄特征、已有水平等)与活动实施的条件;需要设想通过活动以后,学生可能达到的提高程度,以确立恰当的目标。活动目标应当具体、实在,通过活动能确实达到,切忌空泛、浮华。

3. 课外活动重点与难点的把握

在整个活动过程中,有些环节是重要的部分。学生必须顺利通过这些环节,才能保证活动成功,这样的环节就是活动重点。对活动重点,教师应当做到事先心中有数,特别加以关注。

在整个活动过程中,有些环节学生自己活动会有许多困难,这些环节就是难点。对活动难点,教师应当事先设想好引导措施。

4. 课外活动过程的设计

课外活动过程即学生的学习过程、教师的指导过程。对活动过程的设计是设计原则的集中体现,也是设计者创新之所在。

5. 课外活动结果的表达与评价

课外活动结果需要以一定的形式体现出来,如学生实验报告、调查报告、小论文、制作作品、专题汇报会等。并且对活动结果需要做出相应的评价,评价方式主要有学生自评、学生互评、教师评价。每次活动以后,教师需要对活动做出小结与反思,对于高年级学生,可要求学生进行活动小结与反思。

【示例 9 - 1】

课外活动方案一则

一、活动目的

1. 提高学生对信息技术的学习兴趣。

2. 提高学生编程能力。

3. 培养和提高学生解决问题的能力。

4. 增强学生之间的合作能力。

二、活动对象及人数

××中学高一级×班,人数 50 左右。

三、活动内容、活动阶段、承担教师及学生达成技能目标

活动主要内容:班级里学生之间自由组队,进行一次程序设计比赛。活动阶段、承担教师及学生达成技能目标见表 9-1。

表 9 - 1 活动阶段、承担教师及学生达成技能目标

活动阶段	承担教师	学生达成技能目标
组 队	班主任	提高学生组织能力
准 备	指导老师	提高学生学习兴趣以及编程能力
比 赛	班主任,指导老师	培养和提高学生解决问题的能力以及增强学生之间的合作能力
评 价	班主任,指导老师	学生受到鼓励,更加努力学习信息技术

四、活动时间及地点

1. 时间:2006 年 10 月 16 日下午 2:00。

2. 地点:学校实验楼电脑 2 室。

五、活动组织及说明

1. 组队规则:在本班级中两至三个同学为一队,自由组合,一个同学只能参加一支队伍。班里每个同学都要参加。

2. 组队后,每支队伍选出一个同学作为队长。队长把本队的名单交给老师,并负责比赛前的训练准备。

3. 比赛规则:

(1) 老师给出 10 道程序设计题目,题目难易分布:易 4 道,中 4 道,难 2 道。

(2) 每一支队伍一台电脑,可以带相关的参考书籍,队员之间可以讨论,但队与队之间不能讨论,否则当作弊处理,取消其比赛资格。

(3) 编程语言没有限制,但最好用 Pascal 语言和 C 语言。

(4) 队伍完成一道题目可以马上提交给老师判断是否通过。

(5) 比赛时间限制在两个小时内。队伍可以根据实际情况选择会做的题目,不要求按顺序做题目。

六、活动评价及成果展示

1. 比赛裁判:班主任及指导老师。

2. 评价方法:每完成一道题目,该队伍得 10 分。按积分高低排名评定获奖情况。积分相同者,看其花费时间,花费时间少者胜出。

3. 活动后,指导老师进行活动小结,并把好的程序跟同学交流,打印后放在墙报那里,供大家参考。

七、奖项说明

比赛获奖队数按参赛队数的 40% 得出,各项指标如表 9-2 所示:

表 9-2 奖项的各项指标

奖　项	数　目	奖　品
一等奖	1	奖金 30 元及奖状
二等奖	2	奖金 15 元及奖状
三等奖	3	奖状及一些练习本
优秀奖	若干名	各人一个练习本

(本课外活动方案由广东中山华侨中学冯巨恒撰写。)

按照课外活动设计的基本要求,参照上述示例,进行一次课外活动设计,制订一份课外活动设计方案。

思考与练习

1. 课外活动的特点与作用有哪些?

2. 课外活动的主要形式有哪些?

3. 课外活动设计需要遵循哪些要求?

后　记

　　"教学工作技能训练"是高等师范院校的一门重要课程。这门课程随着教学改革工作的深入，越来越受到广泛的重视。本书着眼于"训练"，对教学工作所需要的各种技能进行了较为详尽的分解，对技能的表现形态等作了较为具体的分析，目的在于为高等师范院校的学生提供可学习、可模仿、可操作的行为方式，使之尽快适应教师岗位职责的要求。

　　本书将教学技能分为九种，即教学设计技能、教学方法技能、教学实施技能、教学媒体选用技能、教学观察技能、教学反思技能、教学评价技能、学习方法指导技能、组织指导课外活动技能。其中，绪论、教学方法技能、教学媒体选用技能、教学评价技能、学习方法指导技能、组织指导课外活动技能由郑金洲撰写；教学设计技能由谢利民、郑金洲撰写；教学实施技能由李冲锋撰写；教学观察技能由林存华撰写；教学反思技能由吕洪波撰写。全书由郑金洲统稿。

　　本书学习借鉴了郑庆昇主编的《教学工作技能训练》中的相关内容，深致谢忱！书中各章大量的案例来于教学实践第一线，老师们的智慧惠予了本书丰富的营养；华东师范大学出版社的曹利群老师从书稿框架到具体内容提出了许多中肯的意见，使书稿增色不少，在此一并致谢！书中错谬难免，敬请批评指正。

郑金洲
2007 年 2 月于沪上